韧性

中小微企业的坚守与转型

《韧性：中小微企业的坚守与转型》编委会 著

中国财富出版社有限公司

图书在版编目（CIP）数据

韧性：中小微企业的坚守与转型/《韧性：中小微企业的坚守与转型》编委会著. —北京：中国财富出版社有限公司，2020.8

ISBN 978-7-5047-7210-7

Ⅰ. ①韧…　Ⅱ. ①韧…　Ⅲ. ①中小企业—企业管理—研究—中国　Ⅳ. ①F279.243

中国版本图书馆 CIP 数据核字（2020）第 150112 号

策划编辑	谢晓绚　周　畅	**责任编辑**	周　畅		
责任印制	尚立业	**责任校对**	卓闪闪	**责任发行**	白　昕

出版发行	中国财富出版社有限公司		
社　　址	北京市丰台区南四环西路 188 号 5 区 20 楼	**邮政编码**	100070
电　　话	010-52227588 转 2098（发行部）		010-52227588 转 321（总编室）
	010-52227588 转 100（读者服务部）		010-52227588 转 305（质检部）
网　　址	http://www.cfpress.com.cn	**排　　版**	宝蕾元
经　　销	新华书店	**印　　刷**	天津市仁浩印刷有限公司
书　　号	ISBN 978-7-5047-7210-7/F·3191		
开　　本	710mm×1000mm　1/16	**版　　次**	2020 年 9 月第 1 版
印　　张	12.5	**印　　次**	2020 年 9 月第 1 次印刷
字　　数	161 千字	**定　　价**	48.00 元

序言

2020 年之初，新冠肺炎疫情（简称疫情）汹汹来袭，对整个社会产生严重影响，给人们经济和生活造成冲击，各行各业遭遇严峻考验。

在我国，中小企业贡献了 50% 以上的税收，60% 以上的 GDP（国内生产总值），70% 以上的技术创新，80% 以上的城镇劳动就业，90% 以上的企业数量。中小企业是保护生产力的主力军，是稳就业的主要渠道，是保产业链稳定的重要环节，也是保市场主体的关键。此次突发疫情对实体经济造成沉痛打击，危急时刻，中小企业生存艰难，却不能倒下。中小企业如何生存，如何破局，如何活下去，已经成为沉重又急迫的话题。

为了听取企业家们对经济发展形势和民营经济发展的意见和建议，习近平总书记于 7 月 21 日主持召开企业家座谈会，发表重要讲话，强调“要千方百计把市场主体保护好，为经济发展积蓄基本力量”。为有效应对疫情，帮助企业复工复产，中央和各地方政府出台了一系列纾困惠企政策，国家多部委组合拳上阵，各地方精准贯彻落实，在租金、税费、社保、融资等方面，帮助企业解难题、降负担、增动力，取得了明显成效。接下来，国家还要加大政策支持力度，确保各项纾困措施直达基层、直接惠及市场主体。使广大市场主体不仅能够正常生存，而且能够实现更大发展。

市场活力来自人，特别是来自企业家，来自企业家精神。讲话中，习总书记对企业家提出殷切嘱托和期望：让广大企业家成为新时代构建新发展格局、建设现代化经济体系、推动高质量发展的生力军，为经济社会发展持续注入正能量。

危中有机，唯创新者胜。面对疫情，我们许多企业纷纷展开自救，结合实际情况，调整整体战略，推动生产组织创新、技术创新、市场创新，有效调动员工创造力，把企业打造成为强大的创新主体，并勇于承担社会责任，为新时代中国企业家精神做出很好的注解。本书选取了不同领域内具有代表性的企业，对如何疫情防控和复工复产两不误，如何保持产业链供应链的稳定性，如何进行数字化转型、提升智能制造水平等的典型做法和先进经验，进行分析和思考，并提出合理建议。

本书既有企业破茧成蝶的生动案例，也有具体可行的践行理论，更有对企业在复杂、不确定的环境中如何决策的方法论的思考。在不确定的环境中，一方面，企业需要战略思维和系统思考，梳理企业定位、核心价值观和核心能力，对用户真实需求准确判断和分析，打造企业核心竞争力，坚持长期主义决策，以确定性应对不确定性；另一方面，也要积极融入数智时代的大潮。在抗击疫情中，数字经济发挥了不可替代的积极作用，成为推动我国经济社会发展的新引擎。企业需要加快数字化转型步伐，利用智能化手段提升效率，发展线上线下融合的业务发展模式，善于利用新的传播应用场景，等等。

目前我国疫情防控取得重大战略成果，经济发展呈现稳定转好态势，这充分展现出中国经济强大韧性和巨大回旋余地，也为我国经济社会恢复正常秩序注入了巨大的确定性。疫情的阴影终将散去，留住青山，赢得未来，相信在后疫情时代，本书能启发更多中小企业找到解决问题的方法论，鼓励企业家们深度思考和勇敢突围，同时能为相关平台和服务机构更好赋能中小企业提供有益借鉴。

中国中小企业国际合作协会

会员发展与服务部主任

嵇峰

2020 年 7 月 25 日

目　录

第一篇　远见于未萌

你所接受的信息都是你愿意接受的信息，这样的话就会变成一个信息孤岛，或者说“信息茧房”。久而久之，不仅你对世界的了解变得非常片面，而且它会影响你的判断力，你不知道哪个是真的哪个是假的。

第二篇 寻找发光的自己

认识危机、预见危机，才能有所准备，包括心理上的准备、资源上的准备、预案上的准备。这样，一旦发生危机，才有可能沉着冷静、积极应对，把状态调到最好，把损失降到最小，甚至可以在危机中发现机会，逆风飞翔。

第三篇 风雨彩虹

悲观者只看机会后面的问题，乐观者却看问题后面的机会。松下幸之助表示：危机和良机本质上是一样的，只要你改变观念，重新评估，趁机下手，危机就会变成良机。同样的事物在不同人的眼里，有着不同的意味。

第一篇

远见于未萌

陈雪频

避免思维盲区，提高决策质量

内容提要 企业家在VUCA（易变性、不确定性、复杂性、模糊性）环境下，容易陷入思维误区，影响企业判断和决策。若想做出更优质的决策，需要锻炼四种能力：第一是理性决策，第二是敏捷应对，第三是坚持长期主义，第四是有战略意识。

几百年前，欧洲人看到的天鹅都是白色的，以至于大家都觉得所有的天鹅都是白色的。后来欧洲人来到澳大利亚，发现这里居然有黑天鹅，这才颠覆了以前的认知。人们把那些颠覆通常认知的事件称为黑天鹅事件。纳西姆·尼古拉斯·塔勒布在《黑天鹅：如何应对不可预知的未来》中归纳了黑天鹅事件的几个特点：发生概率很低，社会影响巨大，事前很难预测。

此次突发重大公众卫生事件有几个特点。首先是发生概率很低，中国上一次发生相似事件还是2003年的SARS（严重急性呼吸综合征），距今已经十余年时间，全球性大流行的疾病要追溯到1918年的“西班牙大流感”。其次是影响巨大，这次疫情造成武汉等多个城市封城，意大利等封国，中国大多数人民在家待了两个月，给生活和生产带来了很大的影响。最后是事前很难预测，尽管我们有很多“事后诸葛亮”的判断，但在疫情开始的时候，没有人会想到这次疫情会带来如此大的影响。

这次疫情还让我想到了一个流行术语——VUCA（见图1）。VUCA是四个英文单词首字母的缩写：Volatility（易变性），Uncertainty（不确定性），Complexity（复杂性），Ambiguity（模糊性）。VUCA最早出现在20世纪90年代，美军遇到的就是典型的VUCA环境。后来这个词被商界人士运用，用来形容现在企业面临的外部环境，现在成为一个流行词。

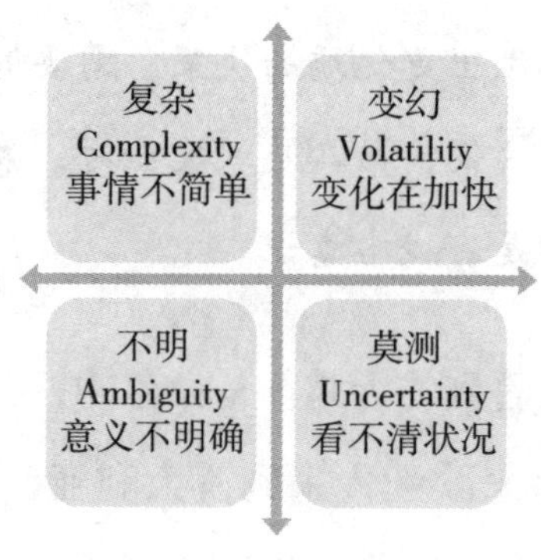

图1 VUCA

企业家面临的是典型的VUCA环境，这次疫情也具有典型的VUCA特征。对于企业家而言，这次疫情相当于VUCA的叠加，因此影响更为突出。

首先是易变性。医疗专家对疫情的认知在不断变化，政府出台的应对措施也一再变化。

其次是不确定性。这次疫情让很多人都面临巨大的不确定环境，包括其对自己企业和行业的影响，以及其对中国经济和世界经济的影响，各种看法差别很大。

再次是复杂性。这次疫情超出了绝大多数人的认知边界，做决策时要考虑的因素很多，导致决策变得非常困难。

最后是模糊性。疫情期间各种真真假假的消息满天飞，让人变得焦虑不安，甚至会影响一个人的判断力。

当然现在 VUCA 环境并不全是疫情引起的，只是这次疫情增加了 VUCA 的强度，特别是不确定和复杂的强度。企业家如何在 VUCA 的环境下决策，就变得尤为重要，这篇文章也是希望探讨这个话题，并给出具体的建议。

一、 VUCA 环境下容易陷入的四个思维误区

在给出建议之前，先要破除一些思维的盲区。因为人很容易受情绪影响，扭曲对这个世界的认知，做出一些不理性的决策。我先推荐瑞典人汉斯·罗斯林等人的一本书《事实》（*Factfulness*），这个词接近我们经常说的“实事求是”的意思。

汉斯·罗斯林是一个医生，曾先后担任世界卫生组织、联合国儿童基金会的顾问，被列为《时代》杂志“全球 100 位最有影响力人物”之一。他在针对各个社会群体做关于一些基本事实的测试时，发现了一种很奇怪的现象：对于有关这个世界的基本事实的题目，无论是普通大众，还是精英人群，他们选择正确的概率都很低，还不如胡乱蒙猜的大猩猩，甚至有人在铁的事实面前，依然坚持错误的观念。

这是为什么呢？很难用无知来解释这种看似矛盾的现象，最合理的解释就是很多人都受情绪化本能的影响来看待这个世界，这种情绪化的世界观给人带来了很大的压力，并导致了人普遍陷入思维误区。汉斯·罗斯林建议，以数据作为根治无知的良方，以理性作为心灵平静的源泉。实事求是的思维方式，可以让我们拥有更开放的心灵，去理解这个世界，做出更好的决策，对真正的危险保持警惕，不为无关紧要的事情而紧张。

他提到了十种情绪对人的判断的影响（十种思维误区），简单说一下，有一分为二、负面思维、直线思维、恐惧本能、规模错觉、以偏概全、命中注定、单一视角、归咎他人和情急生乱（见图1）。和这次疫情相关的误区有四个，我将分别阐述。

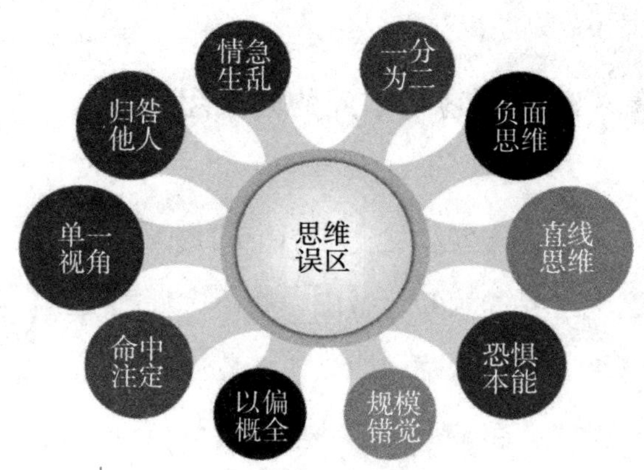

图2　十种思维误区

1. 恐惧本能：恐惧让我们放大了对危险的认知

这个时代的信息发达程度史无前例，我们往往处在一种信息过载的状态，这让我们的大脑不堪重负。为了让我们免受外界噪声的干扰，我们的注意力有一种过滤机制，把一般的信息自动屏蔽掉，只有那些能引起自己情绪反应的信息留下来。如何突破这个注意力过滤机制呢？最好的办法就是利用人的情绪本能，其中最有效的就是恐惧本能。

先列几组数据。2018 年，中国因为癌症死亡的人数超 220 万人，自杀的人数超过了 28 万人，流感病毒导致的死亡人数大约 8.8 万人。截止到 2020 年 8 月 15 日，中国新冠肺炎死亡人数 4600 多人，也就是说，新冠肺炎的死亡人数远不如癌症、自杀、流感死亡人数（见图 3）。

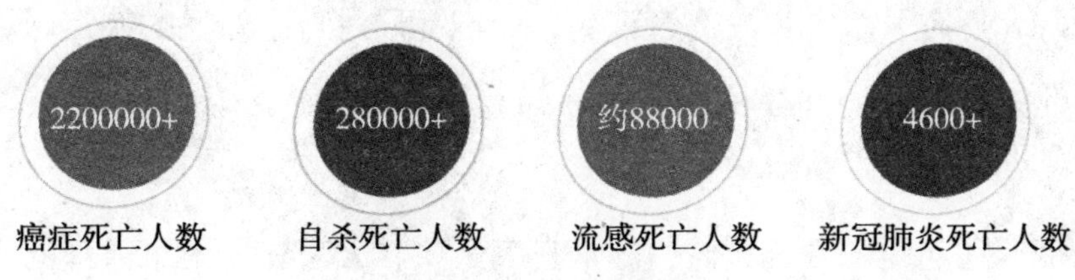

图 3 死亡人数对比

但我们每个人对疫情的恐惧应该要超过前面几种，那为什么会有这种现象呢？一个很重要的原因是对这种危险的未知。这次新冠肺炎是一种全新的疾病，到底它有多大的传染性？多大的致死率？这些问题的答案我们可能是在近期才慢慢知晓，之前我们一无所知，这就极大影响我们的判断力，放大了我们对危险的认知，这个时候我们很容易做出一些过于悲观的判断。

恐惧本能让我们在面临危险时能幸存，但也会对我们理解这个世界起到反作用，它误导我们把注意力放在那些我们害怕的事情上，而不是真正危险的事情上。当我们陷入恐惧时，就无法看清现实。要规避这种恐惧本能，就要意识到这种认知扭曲，不要在恐惧中做出决定。

2. 单一视角：手里有把锤子，看什么都是钉子

人们总是倾向于认为所有的问题都有单一的原因和单一的解决方案，我把这称为人类的单一视角本能。当我们拥有了一个简单的想法，并且发现它可以解释很多事情的时候，我们会非常开心。所有的问题都有单一的原因，我们只需要解决这个原因，就可以解决所有的问题。所有的问题都有单一的解决方案，我们只需要采取这样的方案就可以了。

为什么人们总是习惯于用单一视角去理解这个世界呢？主要有两个原因：其一是意识形态所限，其二是专业局限。意识形态会简单地解释世界并给出方案，比如就有人认为，只要实行市场经济，很多问题就迎刃而解。还有很多专家没有意识到，他们都只对自己熟悉的特定领域拥有专业知识，他们往往不承认这一点，喜欢对自己不熟悉的领域发表评论。

疫情期间，各种真真假假的消息满天飞，大家在家里也很郁闷，因此经常会有各种网络上的论战。我给自己立了一个规矩：决不在群里和别人辩论。因为我发现大家掌握的事实不一样，立场不一样，观点不一样，语境也不一样，每个人都自以为对世界很了解，其实都只是知道一点点，就像盲人摸象一样，我们摸到了大象的腿、大象的尾巴，还有大象的耳朵，就以为看到的是一个全面的真实世界，其实我们对世界的了解是非常片面的。

社交媒体让我们对世界的理解更加片面和狭隘。它会根据我们过去的阅读偏好自动匹配感兴趣的话题，导致我们所接受的信息都是自己愿意接受的信息，这样的话就会变成一个信息孤岛，或者说“信息茧房”。久而久之，不仅我们对世界的了解变得非常片面，而且它会影响我们的判断，我们不知道哪个是真的哪个是假的。

3. 归咎他人：推崇各种阴谋论，总把问题外部化

当坏事情发生的时候，人们总是试图找到一个清晰而简单的理由去责怪其他人，这就是我们所说的归咎他人的本能。当有坏事情发生的时候，我们似乎总是很自然想到，一定是有其他人故意做坏事。我们总是倾向于相信有人利用权力或者手段，才能够使得事情发生，否则的话，这个世界就会让人感到不可预测、困惑和非常可怕。这就是阴谋论的心理基础。

归咎他人的本能总是驱使我们去找到一个被责怪的对象，而使我们忽略了对这个世界的真相的理解，这就大大地降低了我们真正解决问题或者预防问题的能力。对他人的指责往往能够揭示我们自己的思维模式。当我们在寻找替罪羊的时候，其实反映的是我们内心早已存在的思维模式。我们经常习惯于责备的几个人群是“利益集团”“无良媒体”“敌对势力”。

这一次的疫情也让阴谋论甚嚣尘上，许多猜测都没有明确的证据，无法证实也无法证伪，但迎合了人们的心理诉求。好像这样一来，很多让人困惑的事情就有了解释，而不管这种解释是否反映了真实情况。这些阴谋论严重影响了我们对世界的真实判断。

4. 情急生乱：现在行动，否则你将永远失去机会

现在行动，否则你将永远失去机会。很多推销员都在利用这种技巧激起我们情急生乱的本能，让我们不能全面地思考就快速做出决定。在遥远的过去，人类的祖先必须拥有这种情急生乱的本能，在不充分的信息环境下快速反应且快速行动起来。在当今社会，我们仍然需要这种紧急反应的本能，比如说当一辆车突然向我们驶来的时候，我们必须迅速做出躲避动作。

但是在现在的社会中，我们所面临的紧急危险已经不多了，我们要面对更多复杂和抽象的问题。这时情急生乱的本能就会驱使我们做出错误的决定。它使得我们感到很大的压力，放大了我们的其他本能，并且阻止了我们分析思考，使得我们仓促做出决定，在没有深思熟虑的情况下贸然采取行动，结果往往会带来很多副作用，并没有真正解决问题。

我们在面对危险的时候也是这样，总觉得要做点什么事情，但是很多事情没有我们想象中那么紧迫。这次疫情让我们不得不待在家里，也让我们更需要去思考一些问题，而不是急于去做某种动作。人面对不同的情况有时是应急反应，有时是深思熟虑后再行动，所以我想我们面对危险的时候要多思考一些问题。

上面说到我们常见的在危险面前的四种思维误区，接下来我给出四种决策能力，就是怎样做出更优质的决策。

二、 VUCA 环境下的四种决策能力

1. 实事求是，保持理性思考，基于数据决策

基于前面的情绪导致的思维误区，我们应该刻意练习自己实事求是的习惯，保持理性思考，基于事实和数据来做决策。

要控制恐惧本能的情绪误区，我们意识到恐惧会让我们无法看清现实，误导我们去关注那些我们害怕的事情，而不是真正危险的事情。要规避这种恐惧本能，就要意识到这种认知扭曲，尽可能多收集真实的信息和数据，对危险保持一定的警觉，但不要在恐惧中做出决定。比如这次疫情发生以后，我们要注意个人卫生防护，但也不要因此不敢出门工作了。

要控制单一视角的情绪误区，就要采取谦卑的态度，积极获取最新的信息，多和拥有不同意见的人交流。要时刻牢记获取最佳解决方案的办法就是从多个不同的角度来观察问题，得到一个更全面的了解，从而

制订切实可行的解决方案。不要仅仅专注于那些能够证明你的想法正确的案例，而要多与那些持有不同意见的人讨论，发现自己想法的不足之处，要对自己未知的领域保持谦逊。

要想控制归咎他人的情绪误区，你应该停止寻找替罪羊。寻找原因，而不是寻找坏人。当坏事情发生的时候不要试图去责怪任何个人或群体，接受没有人刻意为之这个事实，然后努力去理解这一事情发生背后的系统性原因。寻找系统，而不是寻找英雄。当有人号称自己做了什么伟大的业绩的时候，通常是整个系统的有效运行，使得好的事情发生了。

要控制情急生乱的情绪误区，就要牢牢记住绝大多数情况并不是真的紧急。警惕那些虽然相关但并不准确的数据，或者那些虽然准确但实际并不相关的数据。警惕那些带有偏见的预言家，任何关于未来的预测都是具有不确定性的。任何行动都应当稳扎稳打，取得现实的进步，并且在过程中持续观测实施效果。通常循序渐进的方案，总会优于大刀阔斧的行动方案。

避免了这些情绪干扰，我们才可能对真实世界有更加完整的理解，从而保证理性决策。

2. 敏捷应对，保持自己面对变化的反脆弱能力

前面我们提到了黑天鹅很难预测，那么应该怎么办呢？塔勒布给出的建议是，如果无法预测，就干脆不要预测，而是把重心放在危机出现之后，我们怎样去应对它。

我们要敏捷应对，比如说企业要生存下来，必须保持一定的现金流。对企业而言，其可以通过清理库存、银行贷款、促销的方式来提高现金流。解决短期的生存问题以后，也要重视长期的发展问题，比如企业如何实现数字化转型，提高对外部风险的抵抗力。这次疫情对电商、在线教育、协同软件、游戏企业都是机会，如何利用好机会也是创业者需要思考的。

这次疫情也会对人类长期的生活方式产生很大的影响，比如要注意良好的卫生习惯，保持良好的身体状态，增强自己的免疫力，还要保持良好的精神状态。免疫力不仅适用于个人，也适用于组织，如果一个组织在面临危险之后能生存而且发展，那么它就获得了对抗风险的免疫力。正如尼采所言，那些杀不死我的，将会让我更加强大。这也是反脆弱的本意。

每一次危机到来，都会有一批企业倒下，也会有一批企业发展起来。2003 年的“非典”催生了后来成为业界领导者的淘宝和京东，这次疫情也催生了一些行业的领导者，包括在线教育、协同平台、互联网医疗等。这些行业的兴起不仅会改变人们的生活方式，也会诞生一大批具备全球影响力的领导者，由于中国有极大的市场规模，这些领导者很可能来自中国。

这次疫情将会加速数字化转型。数字化转型是企业在信息化之后的又一次升级，因为各种数字化的技术设施变得越来越普及，包括人工智能、大数据、云计算、5G（第五代移动通信技术）、物联网等，越来越多的企业需要面临全面的数字化转型，其中包括产品/服务的数字化，营销/渠道的数字化，组织/人才的数字化，以及运营/管理的数字化，这也是一次很好的转型机会。

3. 放弃机会主义导向，坚持长期主义决策

我们要抓住趋势变化，但同时要避免机会主义，建立长期主义的思维方式。

我投资过一些企业，后来发现最后做得好的，其领导者基本上都拥有长期主义的思维方式，他们考虑的问题是：我们的客户是谁？我们为客户解决什么问题？我们的产品和服务有什么竞争力？我们如何提高组织能力？我们如何为客户持续创造价值？每次技术变革之后，这些问题的答案都会变化，但这些问题永不过时，这就是长期主义的思维方式。

与之相反的是另一类企业，它们往往是看到什么热门就做什么。前几年分别有几个风口，包括 O2O（线上到线下）、P2P（个人对个人）、人工智能、区块链、大数据等，这些趋势本身并没有什么问题，但很多企业往往自身并不具备这个领域的竞争优势，一看到这个概念火就投身进去，而且吸引了很多股权投资，但由于它们的初心本身就不对，随着风口散去，这些企业后来往往就不了了之了。

我也曾经做过股票投资的短线操作，后来发现我和一般人相比具备更多的投资知识和信息优势，但成功概率也不高，因为股票市场瞬息万变，环境非常不确定。我把投资周期拉长到 5 年以上，成功概率就大大增加了，因为那个时候我更多是从企业的基本面去考察这个企业，这些信息比那些财务数据更能反映企业长期的增长潜力，这也是典型的价值投资的理念。

我们不要高估自己面对短期变化的判断力。没有人可以预测未来，尤其是短期变化，但是我们可以从一些基本面，去判断这件事情长期的发展方向。比如我们看一个行业发展前景，以及这个行业里领导企业的领导力，这个企业的产品和服务、商业模式、组织能力、创新能力，等等，这样你对这个企业长期发展的判断准确性，要高于对短期变化的判断准确性。

4. 具备战略思维和系统思考的能力

面对复杂和不确定的未来，我们更需要战略思维和系统思考能力。战略思维包括见终局、揽全局、知时局和应变局四条（见图4）。

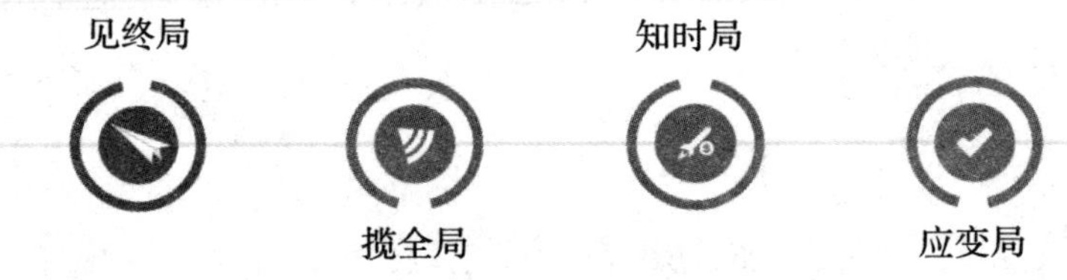

图4 战略思维

战略思维的第一条叫“见终局”。所谓见终局就是你知道未来大概的发展方向是什么。比如说对这次疫情，我们要有一个基本判断，它对中国的影响很大，但是时间应该不会太长。还有它会对一些行业产生重大的负面影响，但也会给和数字化相关的行业带来一波机会，这个就是我们对所谓大势的基本判断。

战略思维的第二条叫“揽全局”。揽全局就需要有系统思考的方式，就是要有宏观视角、行业视角和微观视角，这三种视角都要具备，缺一不可。作为一个创业者和企业家，一定要有全局意识，知道你所在企业各个部门之间的关系，再抓住关键点，这样才能见树木也见森林。

首先是要有宏观视角，比如说这次疫情对整个中国经济和世界经济会产生什么样的影响？对于出口、投资和消费各方面的影响分别如何？我所在的行业和企业应该如何抓住宏观周期的有利因素以及不利因素……

其次是要有行业视角，比如疫情对各个行业的影响，数字化对整个行业的影响。这次疫情对各个行业的影响差别非常大，比如对第一产业的影响基本没有，对第二产业影响相对有限，对第三产业影响的影响很大，但又要进一步细分。比如说电商、网游、视频是最大的受益者，但一些需要跟人接触的行业，比如旅游、餐饮、零售、酒店的负面影响非常大。

最后是要有微观视角。一个企业就像是一座大厦，比较容易看得到的是你的客户价值主张，包括你的产品和服务，这是你跟消费者去建立联系的一个桥梁，也是最能体现企业实力的一个载体。但是中间的支柱是什么？那一定是支持你把那些产品服务创造出来并传递给你的客户的方案，那可能跟你的创新能力、运营系统、人力资源、财务体系、营销渠道各个方面都有关系，对此你要有非常扎实的功底。

运营管理层面最重要的是整个企业的顶层设计，包括你的使命、愿景、价值观、领导力和企业文化，这些看上去很虚的东西，我想这可能也是这个阶段作为一个企业的老板需要重点思考的内容。顶层设计方面，你可以花更多时间去思考。我相信，阿里巴巴在“非典”期间，花了长时间去考虑，重新探讨企业的使命愿景价值观，才在“非典”结束之后迎来了一波快速的发展期。企业价值结构如图 5 所示。

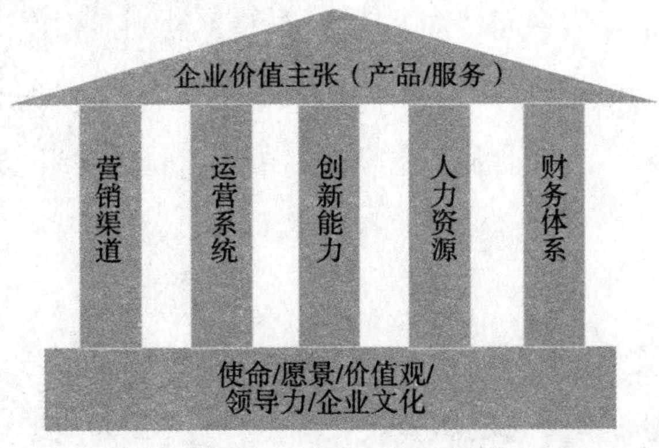

图 5　企业价值结构

因为以前大家都忙着做业务，没有时间去思考这些重要但不紧迫的问题。那这个时候可能大家都没有更多的事情要去外面跑，要坐下来，去思考一下那些重要但不紧急的顶层设计的问题，这可能是我们创业者这个时候应该做的事情，不要浪费这次危机。

战略思维的第三条叫“知时局”。你要知道什么时间做什么事情，做事情还要有轻重缓急。对企业而言，当务之急当然是保持现金流。刚才提到一些需要跟人接触的行业，比如教育、餐饮、交通、零售、旅游、文娱这些行业上半年的收入会急剧下降，因此当务之急是要保持好的现金流。那中期要做什么呢？应该要完善你的组织建设。我认为这个时候大家都没有事情做，正好是一个去培养组织能力的时候，比如说明确怎样做人才盘点，留住那些应该留住的人；怎样去做相应的公司的股权激励；怎样做团队的建设；怎样能够把那些为你打仗的人能够留住，对外吸引优秀人才。这个时候千万不要为了减少成本，太去在乎员工的工资，这个时候是一个对盘点人才、吸引人才、建设团队非常好的机会，不要浪费这一次的机会。长期来看的话，可能是要实现整个企业的战略模式、产品方面的创新和数字化转型。

战略思维的第四条叫“应变局”。就是你要知道你应该如何应对变化，这种变化有的是短期的，有的是中期的，有的是长期的，短期的话可能影响你的收入和现金流，中期的话可能考验你的组织能力和产品，长期的话可能改变你的商业模式和战略，所以说你要从不同的维度去思考，然后做出好的决策。

现在面对这样的 VUCA 的环境，我们能做什么？第一是理性决策，第二是坚持敏捷应对，第三是坚持长期主义，第四是有战略意识。面对创业路上的高度不确定性，我们需要用跑马拉松的方式来经营企业，平时勤于思考和锻炼，有完整的战略战术，反应敏捷，但不要推崇机会主义，而是要相信长期主义，做时间的朋友。

参考文献

[1] 纳西姆·尼古拉斯·塔勒布．黑天鹅：如何应对不可预知的未来［M］．北京：中信出版社，2008.

[2] 汉斯·罗斯林，欧拉·罗斯林，安娜·罗斯林·罗朗德．事实［M］．上海：文汇出版社，2019.

陈雪频

智慧云创始合伙人，小村资本合伙人，多家国内一流企业的战略顾问和总裁教练，接力中国青年精英协会联合发起人，中国人力资源智库联盟创始成员，多家知名商学院特聘讲师和教练，知名私人董事会主持，著作有《管理的正念》《全方位领导力》《重塑价值：中国企业转型路径》和《数字化转型之路》（即将出版）。

王建中

后疫情时代，抉择企业未来

内容提要 后疫情时代，如何判断市场的未来走势并理性抉择，如何分析企业的未来机会并成功破局，如何赋能企业发展并提升反脆弱能力，正在考验着企业家的智慧。相信中国企业经过这次疫情的冲击，企业运营会更加理性，反脆弱能力会不断增强。我们要借势后疫情时代难得的发展机遇，抓住企业发展的战略转折期，迅速反应、马上行动，立即提质升级。

疫情的突然到来，让纽约大学研究员塔勒布的著作《反脆弱》刹那间火了起来。脆弱是指因为波动和不确定性而承受损失，而反脆弱则是让自己避免损失甚至因此获利。历史上的每次危机总会使大量的企业从此一蹶不振，也总有反脆弱能力非常强的企业一鸣惊人。形成这一强大反差的关键，在于企业家对待危机的态度：既然危机无法避免，那就想办法从中获取最大利益。

中国企业正在步入后疫情时代，如何判断市场的未来走势并理性抉择，如何分析企业的未来机会并成功破局，如何夯实企业的核心优势并倍增业绩，如何赋能企业发展并提升反脆弱能力，正在考验着企业家的智慧。

一、 后疫情时代的企业环境判断

面对疫情，很多企业恐慌，更多企业无措，工资、租金、市场等压力接踵而来，而疫情中资金流几近崩溃的企业，却又基本是产品严重同质化、管理严重不到位的企业，经不起市场上的任何风吹草动。

我们仅仅关注一下部分企业的营销现状，大概就可以窥探到其中的一些原因：产品的种类越来越多而销售额却越来越低，花了大笔的广告费用但产品还是卖不动，价格已经很低了但消费者依然不买账……疫情的出现，对一些平时举步维艰的企业而言更是雪上加霜。

经营状况比较好的企业，疫情中也会出现资金短缺现象，没有多少企业会在账上存放大量闲置现金，因为这并不符合资本效率最大化的原则，关键是对它们来说，即使出现临时资金短缺的困境，常态环境下也非常容易化解。

西贝董事长贾国龙在网上公开表态“西贝的现金流最多能撑 3 个月”，话音刚刚落下不过几天时间，浦发银行 1. 2 亿元的流动资金贷款就已经入账。但这并不是每一家企业都能够享受到的。虽然疫情期间国家释放大量政策红利，增加再贷款再贴现专用额度 5000 亿元，重点用于对中小微企业的信贷支持，但真正能够拿到钱的企业却非常有限。银行放贷时必然会考虑企业的运营能力，风险防控是要放到第一位的。由此可以看出，无论遇到多大困难，最终帮助企业渡过难关的，永远都是企业自己的综合实力。

这次疫情中，出现困难的企业大多存在顶层设计缺失的共性：品牌没有差异，产品缺少个性，主要靠价格战、流量战博取市场。换个角度讲，有多少企业能讲明白自己产品的独特个性，能给消费者带来什么特别价值？正是因为企业未能厘清这些问题，不低价就没有销量，不促销就没有流量，以致利润越来越薄，企业始终处于非常被动的境地。

即使不出现疫情，这些企业也不过是“温水煮青蛙”，关门歇业是迟早的事。平时不注意打造企业的核心优势，只是通过促销、打折、搭售等手段勉强维持生存，但凡遇到一些意外事件，立刻就会困难重重，疫情一出现自然在劫难逃。

疫情的出现，对所有企业来讲，恰恰是提升反脆弱能力的最佳良机，企业可以真正认识到只有尊重市场规律、掌握商业本质，才能防范未知的风险。同样面临疫情环境，同样遇到资金困难，顶层设计到位的企业可以轻松化解，西贝就是典型的例子。

针对疫情所带来的困扰，企业主需要静下心来，认真思考一下企业成立以来的成败得失，强化企业优势，补足企业短板，凝聚核心竞争力。从顶层设计着手，厘清市场定位，明确与其他企业的显著差异；明确商业模式，明确企业价值最大化的方法路径；明确品牌个性，明确可为消费者创造的独特价值；明确产品特色，明确让消费者青睐有加的购买缘由；明确营销办法，明确业绩倍增的市场操作细节；明确运营机制，明确员工自发工作的管理思维……

很多企业在疫情中遇到困境，恰是因为这些内容未能得到很好梳理。顶层设计对企业发展至关重要，越早完善对企业越有利。如果连自已是谁、有什么价值都讲不清楚，那消费者凭什么要购买你的产品？员工又为什么要在你的企业工作？

有些企业可能会觉得这些问题不可能在短期内解决，而且顶层设计的规划需要极高的理论素养与实战经验，不是目前企业人员能够做到的。其实只要企业全体员工齐心协力想办法，即使达不到理想效果也总会比根本不去思考强得多！而且过程中企业完全可以借助外脑的力量共同推进。

这次疫情是对企业核心竞争力的一次大考，2020 年必将成为中国企业具有转折意义的一年。传统思维已很难适应技术环境和市场需求的变化，抖音、快手等平台瓜分市场，物联网、区块链等产业迅速兴起，企业运营的各个方面也在发生着颠覆式改变。但无论技术如何创新，市场如何升级，商业的本质永远都不会发生变化。消费者永远都在追求性价比最高的产品。唯有不断提升产品的价值，唯有打造消费者喜爱的品牌，唯有设计消费者追捧的产品，才是企业发展的王道。

疫情前中国市场已经是红海一片，疫情后更可以用“血流成河”来形容，市场竞争定会更加激烈，谁能最终胜出，当前阶段的布局非常关键。龙头企业会致力保持领先地位，追随企业会竭力扩大市场份额，中小企业会全力打造个性，争取更大空间。变革、品位、创新、价值，必将成为这一过程中的关键词。

可能有些人会认为，产品品质最为关键，理应高度强调。实际上，产品品质只是企业成功的基础，如果连产品品质都无法过关的话，企业连生存的机会都没有。好产品的背后，必须要有市场定位、商业模式、品牌内涵、营销策略等要素的支撑，否则产品再好企业也有“死掉”的可能。

疫情后的不同抉择，必定会在企业未来发展中显现出完全不一样的结果，也必将确立各企业在未来竞争格局中的地位。其实又何止是企业，每个人在疫情期间自发读书或者沉迷游戏的不同选择，同样已注定了不同的未来。

中国正在步入后疫情时代，大多数行业逐步回归正常状态。虽然突如其来的疫情搅乱了人们原本有序的日常生活，但消费的本能却不会发生变化，人们经历一个从压抑到宣泄再到平稳的过程，而且由于每个人收入水平的不同也会出现消费心态上的一些调整。收入较高的人士会更加追求有品位的生活方式，追求更加有意义的人生；收入较低的人士会更加谨慎进行消费选择，追求更加有保障的生活。但无论如何，消费者在疫情中憋得太久，迎来一波消费反弹在所难免，旅游、餐饮、零售等行业出现一轮消费高点也并非天方夜谭。在消费热潮到来之时，有多少企业可以准备好以争取更大的市场份额？又有多少企业有信心可以成为消费者的首选？

网易定位与央视市场研究共同发布的《2020 新冠疫情消费者行为态度影响与趋势报告》显示：大部分消费者在疫情期间有线上行为的新尝试，比例高达 73.5%。其中对于在线培训/学习与远程办公的尝试较多，且延续性较大，有超过 69.2% 的消费者愿意延续在线培训/学习行为，这将为在线培训与远程办公行业带来机遇。

越是疫情时刻，越要清醒，越要辨明市场突围的机会和方向。我们必须看到，市场竞争虽然激烈，但竞争层次并不高，在大多企业仍以传统办法运营市场的情况下，只要拥有战略运营思维，只要善于运筹帷幄、系统思考，任何企业都有赢得未来的机会。

借用加拿大诗人莱昂纳德·科恩说过的一句话：万物皆有裂痕，那是光照进来的地方。

二、 后疫情时代的企业市场机会

疫情环境下，有很多企业因为资金、销售等问题陷入生存困境，有些企业却伺机找到了新的市场机会。

因为疫情的缘故，原定春节期间上映的《唐人街探案 3》《夺冠》《囧妈》等贺岁影片不得不全部撤档，何时能再排档期，特别是能否再度排上黄金时段档期，谁心中都没底。《囧妈》在撤档后独辟蹊径，借势春节期间因疫情人们不得不宅在家中的极好机会，以 6.3 亿元的价格让字节跳动获得了该电影的独家网络播放权利。本来很多人对《囧妈》前景并不看好，猫眼的预售统计中，本片预售额前两天仅为 4108 万元，比《唐人街探案 3》差了 1.6 亿元。而通过与字节跳动的合作，《囧妈》稳赚不赔，出品方欢喜传媒港股市值更是暴涨 16 亿元。字节跳动也因此成了大赢家，成为疫情中引人瞩目的互联网公司。本片仅三天时间就有 1.8 亿人次观看，除去招商收益，单靠流量一周时间就收回了成本。同样的疫情环境，同样的撤档处境，《囧妈》跨界大赚了一笔，而其他贺岁片的命运如何却依然是个未知数，不同的运营思维带来了完全不同的市场效果。欢喜传媒与字节跳动疫情期间的战略合作共赢，无疑为其他企业在疫情后脱颖而出带来了极大的启发与期待。

2019 年中国社会消费品零售总额已超过 40 万亿元大关，人均 GDP 也迈上 1 万美元的台阶。多个层次、多个角度、多个领域的消费需求必将被不断激活，高品质产品、服务的消费需求必将持续增长，文化、旅游、信息、健康、养老、体育等消费需求必将稳步增长，这些市场变化并不会因为疫情的出现而发生动摇，反而会进一步推动企业更加注重反脆弱能力的提升，推动企业更加快速提质转型发展。这些改变，也必将为企业战略发展思路的调整予以明确指引，促进产业创新发展，推动行业转型升级，培育企业增长新极，实现产业结构和需求结构在更高层次上形成新的动态平衡。市场需求中量与质的变化，对每一家企业来讲都是难得的市场机遇。

疫情过后，怕的不是没有机会，而是惊慌失措、无所适从。日本汽车借力20世纪70年代美国石油危机，以低油耗、高稳定性等优势成功打入美国市场。现如今疫情已经是企业经营所必须面对的环境而非借口，只要找到战略破局的路径，任何企业都有在疫情后脱颖而出的可能。

疫情期间很多企业全员入会学习，将樊登读书视为管理培训与业绩提升的工具。根据企业运营重点，选择与之相应的书籍，员工根据书籍内容结合企业实际提出存在问题和针对性解决方案，由于方案是员工自己提出的，问题非常容易解决，最终企业管理品质不断升华，员工的主人翁意识也得到进一步强化。

管理者利用疫情难得的时间，从顶层设计角度对企业进行系统思考与重点梳理，并在未来发展中明确落地措施和执行步骤，就有可能脱胎换骨，带给消费者焕然一新的感觉。

经营企业的最高境界，就是经营文化，而经营文化就是经营人心。虽然很多企业都在大讲特讲文化的重要性，但真正能够将文化与管理高效结合的却少之又少，而这同样是疫情后企业大力发展的机会所在，更是企业实实在在的反脆弱能力的体现。从企业管理的角度讲，经营人心就是要做到无为而治。让员工自觉自愿工作，大家可能会觉得有些难，却是完全可以做到的。当一个员工真心热爱企业的时候，就会把企业的要求变成自觉的行动，从“要我干”变为“我要干”。从市场经营的角度讲，经营人心就是要达到不销而售。让消费者主动购买你的产品，大家可能会觉得更难了，但同样是可以做到的。当一个顾客真心喜欢一个品牌的时候，就会自愿购买这个品牌的产品，从“要他买”变为“他要买”。

目前已进入用户资本主义时代，市场也正在经历着从经营“货”到经营“人”的思维转变。市场上的一切成功，归根结底在于企业能够为客户提供更高的价值；市场上的一切胜利，归根结底在于企业更加尊重员工、尊重合作伙伴、尊重客户。未来，谁能代表消费价值观的主流，谁就会成为市场上过得好的企业。

竞争激烈并不会成为企业步入困境的理由，最可怕的是找不到市场破局的方法，采取了很多措施业绩却依然不见改观。无论规模大小，也无论行业类别，更无论历史长短，企业最大的风险来自决策的失误。方向错了，再努力也不会取得好的效果。目前很多企业在管理过程中经常纠缠于事情的表面，以致运营效率一直比较低，员工抱怨不断，业绩也不理想。关键是决策者自己还不知道是怎么回事，还时常把问题归结为员工的执行力不强。

我们应该看到，这次疫情有机会极大降低内部变革动员的成本。我们应该致力于把这次疫情危机转化为企业管理提升的动力，提升企业的分析能力与决策水平，加速企业的管理升级与营销变革。企业是一个整体，无论战略、文化、品牌、营销、人力、资本等哪个环节出现问题，都会影响到总体运营效率，也必然会在市场业绩上显现出来。因而，要打造一个基业常青的企业，就必须对涉及发展的各个要素进行系统思考，在确保业绩持续增长的同时不断提升品牌影响力，避免某个方面成为制约企业发展的致命短板。

疫情中的作为，定将成为决定企业未来成功与否的分水岭。

三、 后疫情时代的企业行动法则

无论发生什么样的事情，商业的本质永远都不会改变。只有向消费者提供性价比最优的产品，才是企业永远的生存之道。移动互联网的出现，特别是大数据的运用，让商业运营的角度发生了变化，在获客的方式、营销的手段、传播的渠道上有了更多的选择，也给企业的运营增添了更多的活力与挑战。

后疫情时代，高度遵循商业的成功逻辑，强化基础管理和客户价值，是企业拥有未来的根本保障，而把竞争法则、博弈法则、卓越法则、成功法则做到位，就会推动企业的各个要素高效运转起来，让企业无为而治，让产品不销而售，聚化为企业反脆弱能力的强大基因。

1. 竞争法则，把优势化作胜利

企业的成功和一个人的成功有很多相似之处。美国学者白金汉在《现在，发现你的优势》一书中提出了一个观点：一个人最容易成功的路径，在于把自己的优势发挥到最大。同样的道理，当一个企业将自身的优势发挥到最大的时候，是最容易成功的。

竞争法则，就是要明确企业的优势并充分放大，厘清市场诉求和品牌内涵，打造企业成功的关键推动力。

很多企业管理者总是在抱怨生意难做，却又是否认真想过：消费者凭什么买你的产品？是产品有个性？还是服务有差异？如果在经营中没有什么能够特别满足消费者的诉求，那你的产品又凭什么能够销售出去呢？

要让别人记住你，最好的办法就是要有区别于其他企业的独特优势，如果能够在行业中或者区域中拔得头筹就更容易成功了。在赛场上，通常人们记住的永远只有第一名。

无论哪一个行业，我们平时能讲得出来的品牌又有几个呢？说起手机，我们容易想起华为、苹果、小米；说起白酒，我们容易想起茅台、五粮液、汾酒；说起网购，我们容易想起天猫、京东、苏宁易购……我们在买东西的时候，是不是会直接奔着这些品牌或平台而去呢？

基于木桶理论，以前我们总在弥补自己的短板，因为你的短板限制了你的综合能力。疫情后我们更应努力做强自己的长板，因为你的长板决定着你运营市场的优势，体现着你的专业水平，也是占领市场的关键。

雁门清高多年来始终位处中国苦荞行业前沿。而雁门清高就是靠创造优势并不断将优势放大而获得成功的。

一个好的品牌，要有一个好的名称和好的创意。我们都会有这样的感觉，有些品牌在媒体上打了上千万元的广告，但消费者什么都没记住，而有些品牌只不过花了几十万元，却让消费者记忆深刻。之所以会形成这么大的差异，就是因为品牌的名称和广告的创意让消费者产生了完全不一样的感觉。

一个好的名称，应该具有三个特点：一是朗朗上口，容易记忆；二是个性鲜明，能够反映产品的功能特征，人们通过名称就知道这个产品是什么；三是内涵丰富，可以让消费者产生美好的联想。而雁门清高恰恰同时具备这三个特点。雁门，在国人的心目中十分熟悉，这里出产的苦荞自带品质优异、营养丰富的记忆点。清高，更是直接反映了苦荞的功能特点，“清三高，自清高”也就成了雁门清高成功运营市场的主要诉求点。清高，是指人的一种修养、一种洒脱的态度。消费者选择雁门清高，自然会感受到一种高雅的生活方式。

有个性的品牌才会有市场竞争力。而把企业的优势放得越大，品牌的个性就会越鲜明，市场竞争力就会越强，在消费者心中留下的印象就会越深刻，市场成功的胜算就会越高。

那么应该如何运用竞争法则，把优势化作胜利呢？

首先要善于发现优势，而且这个优势必须是消费者所关注的，如果消费者并不在意，那就谈不上是优势。如果没有优势怎么办？那就创造一个出来。只要把消费者关注的点仔细梳理一下，把企业最可能做强的点不断放大，这个点就会成为企业的独特优势，就会成为竞争市场的主要诉求点，消费者就会通过这个点牢牢地记住你的品牌。我们购买华为手机，是因为华为手机代表着技术前沿；我们选择西贝莜面村，正是因为这里有“道道都好吃”的美食。

其次一定要把这个优势做强。如果把这个点持续放大的话，就有可能做到第一，而且成为第一要远远胜过做得更好。可能有些人会觉得要成为第一简直是天方夜谭。但谁又说过第一必须是销售额最高呢？只要在某个方面做到最好，在这个方面你就是第一，消费者就会为你的“第一”买单。

最后要形成品牌的个性。做强企业优势后，对这种优势内涵进行高度强化，就会形成鲜明的销售卖点和独特的品牌魅力，并使这种魅力成为消费者购买产品的重要理由，变商家被动推销产品为顾客主动购买产品。

2. 博弈法则，用智慧铸就成功

企业发展过程中，处处充满着博弈。博弈的过程就是方案选择的过程：卖什么产品，如何定价，在哪里销售，等等。选择水平的高低，直接决定着企业的经营品质。有些企业在成长过程中走了很多弯路，甚至付出了巨大代价，不就是因为缺乏博弈的智慧吗？

博弈法则，就是要选择实现经营目标和管理目标的最佳路径，不断提升企业的市场价值。

商机无处不在，关键是我们要有发现商机的眼睛。当很多饭店门庭冷落、生意惨淡的时候，有些饭店的门前却排起了长队。当很多企业为销售而烦恼不堪时，李子柒，一个来自四川绵阳的女子通过展示中国美食文化，成为千万人追捧的网红并带动了大额出货。由此看来，有些企业的产品卖不出去，根本不是人们消费能力下降了，只是产品不适应市场的需求，或者企业没有把优质产品销售出去的办法而已。

目前很多企业在打价格战，能够上升到文化竞争层面的企业少之又少。那些产能过剩、产品积压、成本过高的企业，不都是基础管理薄弱、品牌缺乏个性、产品没有差异吗？这种市场环境下，在经营管理上只要针对性发力，就非常容易脱颖而出。有些人在诉苦服装店生意难做的时候，又是否研究过顾客的个性需求，为顾客特别定制适宜的服装？有些人在抱怨理发店生意难做的时候，又是否根据顾客的气质个性，给顾客建议过适合的发型？

每一个行业都存在着巨大的市场空间，每一个竞争对手也都会有薄弱环节，善于分析市场、研究对手，并据此全面发力，才是在市场上成功的根本。

有人做过这样一个实验：把万宝路的牌子抹去，以纯粹的白皮包装在市场上销售，产品绝对保证是万宝路的真品，价格仅为原万宝路价格的一半，但销售的结果是只有 17% 的人在重复购买。通过这个例子，我们可以看到，低价并不能保证产品销售成功，消费者不是在买香烟，而是在买万宝路。但现实是我们很多企业产品卖不出去，就只会在价格上做文章，大幅打折，赔本销售，最后自己也没有赚到钱。看一看我们周边，又有哪个企业是靠打折成功的呢？产品价格提不上去，是因为没有找到把价格提高的理由而已。

消费者购买的是价值而不是价格。也就是说，很多消费者买东西时只考虑值不值，而不是贵不贵。如果消费者只是一味追求低价的话，我们又怎么去解释许多人花上千万元去买劳斯莱斯呢？所以说，只要致力为消费者创造价值，消费者就一定会为产品买单。

企业在消费者身上所花的钱不是成本，是投资。当消费者高度认同品牌的时候，会源源不断为你的品牌消费，而且会把周边的朋友一起叫过来进行消费。多数情况下，只要多在你这里消费一次，你在消费者身上所投入的费用就全部收回来了。因此一定要明白一个道理：无论在消费者身上花了多少钱，都会远远少于消费者对品牌的回报。

面对来自市场的种种经营压力，如何在博弈过程中更加主动，如何在决策过程中避免失误，时刻考验着企业家的智慧。

那么应该如何运用博弈法则，用智慧铸就成功呢？

第一，一定要有清晰的目标。追求什么结果，对企业和顾客各自意味着什么，一定要明确。樊登读书通过线上讲书，激发了书友的读书热情，满足了书友利用碎片时间读书的愿望；通过线下互动，分享了书友的读书心得，提高了书友对书中知识点的运用水平。在成就众多书友的同时，樊登读书也日益壮大。

第二，要着眼于为顾客创造价值。只要是有利于顾客的事情，就应该坚持去做，帮助顾客成功。海底捞在顾客等位的时候，免费给顾客提供一些小食品，帮顾客擦皮鞋、涂指甲油，价格要比其他火锅店高出很多，但消费者并不在乎，只要感觉好，一切都不是问题。在这里等位，便成为一种休闲和娱乐。

第三，要理性抉择经营方案。面对各种繁杂信息的干扰，要善于分析影响市场的成败因素，做出最有利于企业发展的决策。我们经常看到这样的场景：同样的市场，同样的产品，有些企业获得了成功，而有些企业却走向了衰亡。导致这种生死存亡差别的，更多不正是一些日常经营方案的抉择吗？在这一方面，北大方正、烧饭饭、爱拼车等企业给我们的警示太多了。

3. 卓越法则，将平凡做到极致

现在正处于一个细节制胜的时代。一个产品的瑕疵就可能会让企业永远失去一个顾客，一次服务的欠缺就有可能让顾客永远不再登门。三星 Galaxy Note7 爆炸所引致的全球召回事件，不正是设计缺陷而带来的空前危机吗？

卓越法则，就是要有精品意识，将产品和服务做到极致，将日常的点滴工作做到最好。

无数的成功源于小事，无数的失败也源于小事。达·芬奇学画画时，他的老师不断地让他练习画鸡蛋，就是要让他明白，只有真正了解了每一个鸡蛋之间的细微差别，才能成为一流的画家。

移动互联网时代，信息非常透明，消费者购买产品已经越来越依赖网上的评价。而要让产品有更多好评的话，就必须让消费者对产品和服务无可挑剔。平时我们花了大笔的钱用于广告宣传，却不知，当把产品做到极致、把服务做到最好的时候，产品和服务本身就是最好的广告，就会在消费者心目中留下非常深刻的印记。

其实要提高销售额，不一定非要通过促销手段。产品还是原来的产品，有时候只是变换一下思路，同样可以取得相当好的业绩。

20 年前我曾经在一家定位中高端的贵都百货主持工作，在黄金位置陈列有“登喜路”品牌，一套服装 2 万多元，就算是现在这个价格也是比较高的了。因为“登喜路”过于高端，销量有限，对商场的利润贡献并不大。但正是因为有这样一个高端形象品牌的存在，价格在 5000 元左右的服装就不会显得太贵，就会卖得很好，就会成为商场利润的主要贡献者。同时商场销售一些饰品、内衣等高品位但价格不太高的产品，吸引了大批顾客。

仅仅按形象产品、利润产品、引流产品进行划分，就能给商场带来可观的收益，如果我们在消费者身上投入再多些又会如何呢？比如偶尔给顾客送一些精美小礼品，经常做一些感恩老顾客的回馈活动，在顾客生日时送上一束鲜花，等等。当消费者被我们的真诚感动的时候，又怎么会不买我们的产品呢？

企业每天都要面对各种市场状况，提升业绩的办法也无处不在，关键是能不能沉下心来认真思考。有些店铺会在黄金销售位置摆上滞销的商品，其目的是让这些卖不动的产品有一定销量，殊不知当把畅销产品放在这里的时候会带来更高的业绩。有些店铺装饰豪华，但对产品的灯光聚焦却又特别少，产品标签也很随意，要知道只有把所有的焦点放在产品上才会引发消费者的购买欲望。

企业一定要明白一个道理，现在是消费者用脚投票的时代，选择太多了，顾客觉得好就会重复消费，觉得不好就再也不来了。一个企业，无论在多么平凡的领域，也无论做多么平凡的产品，如果都能做到极致，那么这个企业必将是一个卓越的企业。要知道：无论什么样的增长黑客，都无法挽回无药可救的垃圾产品。

那么应该如何运用卓越法则，将平凡做到极致呢？

首先，一定要有工匠精神。精于工，匠于心，品于行。追求卓越，注重细节，让品质好上加好，让工作尽善尽美。中国高铁成为享誉世界的一张响亮名片正是因为对品质和技术的专注力。

其次，一定要有极致思维。极致就是要超出客户的预期，以感动客户为目标。而要做到极致，就必须做到持续创新，永不满足。要知道，好产品是会说话的。华为公司每年在研发上的投入达到销售额的15%，而且十几年如一日，难能可贵，其结果是华为成为世界通信设备行业的领先者。

最后，一定要有高效机制保障。要建立一种激励机制，让勇于进取、乐于奉献的人有更高的回报，鼓励员工在实现自我价值的同时，愿意沉下心来精益求精、精雕细琢。

4. 成功法则，以战略统筹全局

没有战略，企业就没有方向，即使偶尔取得成功，也不过是一时的运气所致。一个企业是不可能永远靠运气获得成功的。只要能赚钱，什么都去干，要么大炮打蚊子、要么蚂蚁撼大树，造成的不只是企业资源的极大浪费，甚至包括企业未来的不确定。很多企业出问题，不就是因为在战略方向上模糊吗？

成功法则，就是要精细化发展战略，做好顶层设计，对企业的主要资源进行高效的配置。

管理大师韦尔奇的著作《商业的本质》，从商业、团队、职业管理等方面给了我们很多的启迪。韦尔奇曾用 20 年的时间将 GE（通用电气）变成当时全球盈利第一的企业，他告诉我们，要想赢得市场，就必须遵从商业的规则，回归商业的本质。有人认为韦尔奇对 GE 最大的成就是收购了许多有价值的企业，可他却表示：自己对企业最大的贡献是拒绝了 1000 次至少看上去很值得投资的机会。

市场机遇可谓无处不在，关键在于如何把握。中国企业不会因为机会太少而“溪水干涸”，更多是因为机会太多而“洪灾泛滥”，关键是要知道自己的未来在哪里。

很多企业为了有更高的销售额，无节制增加产品种类，结果发现产品虽然多了，但销售额并没有增长，营销费用却增加了不少。其实我们能把一个产品做好就已经相当不容易了，总希望每一款产品都能带来不俗的销售额，却不料精力太分散，反而与初衷背道而驰。

做产品需要专注，做市场同样需要专注。一定要给消费者一个选择你的理由，其实有一个理由就足够了。同样是汽车，不同的诉求，会带给我们完全不同的心理感受。宝马，追求的是驾驶的乐趣和愉悦的生活方式；奥迪，给人的感觉是尊贵、动感和进取；奔驰，彰显了身份与地位；劳斯莱斯，代表了贵族风范……市场营销就是一场认知之战，谁能抓住消费者的心智，谁就能在竞争中取得成功。

规避市场竞争的最好办法，就是创造一个远离竞争的全新市场。只要你有敏锐的嗅觉，善于发现市场机会和独特卖点，你就一定会拥有属于你自己的蓝海。

因为有乘车的需求，所以有了滴滴出行；因为有居家用餐的需求，所以有了美团外卖。满足消费需求只是营销的中级水平，创造消费需求才是营销的最高境界。

企业定位、战略方向和商业模式，对任何情况下的企业来讲，都是应该明确的。

那么应该如何运用成功法则，以战略统筹全局呢？

首先，要重视顶层设计。基于企业优势和主要资源，对市场定位、商业模式、品牌内涵、营销策略等方面，高起点规划，高标准要求，高品质保障。

其次，要有落地的路径。在对企业战略科学规划的基础上，从管理体系、人力资源、经营措施等方面明确严谨的最佳实施路径，从组织制度上确保战略的有效执行。

最后，要有智库作为后盾。一定要致力聚合战略、品牌、营销、财务、法律等各方面的专家为企业所用，做重大决策前征询他们的意见，确保最佳决策方案。

虽然我们一直在讲，失败是成功之母，但一个企业是很难经得住战略失误的。避免失败的最好办法，就是对企业资源系统整合，让失败企业的教训转化为成功的路径，明确专属于企业的战略目标，设计优于对手且适合企业的战略措施。

战略方向只是企业成功的基础，细节控制才是企业成功的保障。注重过程，让企业决策落实到位；注重文化，让员工自愿全力工作；注重内涵，让品牌价值高效传播；注重业绩，让部门联动助力增长……让每个岗位成为利润的增长点，让每个员工成为利润增长的发动机，把业绩增长落实到各个部门，学会达成经营目标的管理行为。引爆客流，抢占用户，唯有增长才能拥抱未来。

尼采有一句名言：杀不死我的，使我更强大。正如塔勒布在《反脆弱》一书中所提到的：生命中的许多事物会受益于压力、混乱、波动和动荡。中国企业经过这次疫情的冲击，发展理念与管理思维都会发生变化，企业运营会更加理性，商业秩序会重新构建，反脆弱能力会不断增强。我们要借势后疫情时代难得的发展机遇，抓住企业发展的战略转折期，迅速反应、马上行动，立即提质升级。

王建中

MBA（工商管理硕士）导师，山西省精细化管理研究会会长，山西知行力企业管理咨询有限公司总经理，山西省企业家协会专家咨询委员会主任，山西省政协智库专家，第九届山西省政协委员，第五届、第六届山西汾酒独立董事，山西大学、山西财经大学兼职教授，先后获得"2008 年中国 MBA 十大成就奖""2014 年中国十大品牌文化专家"等荣誉。

王建中有着深厚的理论素养和丰富的实战经验，聚合多年经典管理案例和企业管理精华出版《破局：破解企业不败密码》，广受市场追捧。

王吉鹏

临渊羡鱼，不如退而结网

内容提要 企业无法避免面对经济的上行下行，也无法避免一定会面临的风风雨雨。归根结底，企业要练好内功，自己学会“天气预报”。一个好的企业，应该在经济向上时做好准备，最关键是在冬天要活下去。一个企业的能力，不光是“预报天气”的能力，更是“抵抗天气”的能力。

2020年春节期间，疫情出现，很多企业遭到横空一击。不同于缓慢降临的经济萧条，这场疫情一夜之间让社会经济生活陷入了“速冻”模式；有些企业则凭借多年苦练的内功，展现出了较强的活力与韧性，成为抗疫保供的中流砥柱。

做企业，免不了要遇到风险，关键是要有应对能力。一些中小企业主对外部形势一无所知，他们传统劳作，看天吃饭，外部形势的变化对他们来说，是不可抗拒的。企业无法避免面对经济的上行下行，也无法避免一定会面临的风风雨雨。归根结底，企业要练好内功，自己学会“天气预报”。一个好的企业，应该在经济向上时做好准备，最关键是在冬天要活下去。最可怕的是，春天到了，你不在了。一个企业的能力，不光是“预报天气”的能力，更是“抵抗天气”的能力。

怎么抵抗？我给出七招。

第一，尽可能积攒现金。

以前我讲过一个观点，利润比规模更重要，但是有没有比利润更重要的呢？我在很多场合问过企业界朋友这个问题，答案五花八门，企业文化、持续经营、品牌、核心竞争力、人才等，都离题万里。我认为，最贴近的答案是：现金比利润更重要！

现金就像人体的血液一样，企业现金不足等于人没有血液，恐怕立刻就“死”掉了。

道理越浅显，意义越重大，也越不容易认识到，更难以做到。2020年2月，西贝餐饮董事长贾国龙在采访中表示：疫情致2万多名员工待业，贷款发工资也只能撑3个月。之前西贝向供应商结清了货款，向员工和管理层发放了年终奖和薪水，虽然剩余的现金不多，但按照往年的惯例，在春节期间的营业高峰期将实现现金快速回流。然而在2020年，他以为的“惯例”随着疫情的到来戛然而止。

西贝只是疫情之下众多企业的缩影，企业运转正常，但所获利润单薄，个中原因很多。现在很多企业薄利，并没有充足的现金流，想维持再生产都很困难，更别说扩大再生产，可这个问题并不是企业本身的问题，而是营商环境的问题，关键就要看企业如何寻找平衡了。

企业利润少，没钱可积攒，那是没办法，问题是有余钱的时候大家会怎么做呢？扩张或者多元化。许多酒店和餐饮企业动辄几百家几千家地开店面，现金变成了业务规模，没疫情冲击也危如累卵，有疫情冲击自然就“一泻千里”。

利润固然好，有利润不一定有现金，失去流动性是要命的事。做企业的人，必须关注现金流。一旦有风吹草动，出现异常现象，就要加倍小心。否则，你的企业可能因为现金流中断而破产倒闭。

稻盛和夫曾经说过，即使京瓷七年不赚一分钱，企业也可以照样活下去，因为京瓷有大量的现金储备。

现金不是万能的，可是没有现金是万万不能的。“企业资不抵债不一定破产清算，但如果没有现金流就一定会破产清算。”一位国内知名企业家说。

中国社会科学院研究员韩朝华认为，一个企业，可以出现亏损，但不能断了现金流。亏损总是有希望扳回来的，但断了现金流，即使有很多的资产，也可能即刻崩盘。高明的商家，并不是从来没做过亏本的事，而是深知“现金为王”的道理。

知易行难。企业要怎么攒钱？怎么控制现金流？

日本的战略之父大前研一先生说过，如果我可以在这个问题上坦诚一些的话，我愿意分享我的观察。一些企业家对赚钱感兴趣，而日本企业家对生产产品感兴趣，这是很大的区别，像丰田公司，永远是汽车、汽车、汽车。

他还表示：有很多这样的公司，始终在自己的行业里越做越深，就像任天堂公司，只做电子游戏，但这个公司现在发展得如此之大，它就是靠做游戏发展起来的。如果你成长为全球范围的游戏强者，市场就会有很多钱可赚。如果你是任天堂的山内溥先生，恐怕就会开始用这笔钱做其他行业了，因为有太多的机会，会导致有些企业家失去了视野，不再为国际化而努力。

此外，他认为：绝大多数日本企业都会在自己的领域做深做强，这就意味着必须创新，加大投入，抬升价格，生产出比西方企业更好、更精致的产品，因此我们必须战胜日元飙升和昂贵的劳动力带来的困难，这就要我们下功夫做创新。因为仅靠卖同样的产品，我们必须要赚取相当于上一年两倍多的利润才行。我们唯一的途径，就是生产更好的产品。

赚钱不易，省钱还是有办法的。一是企业要控制好发展的节奏，不要乱投资，不要盲目扩张，很多时候企业是“撑死”的，不是“饿死”的。不要总想着去赚更多的钱，也要考虑没有现金怎么办。二是尽量不要多元化。这次疫情期间，北大方正破产重整，海航集团被接管。是什么让两家公司从辉煌走向衰败？是多元化！

2002 年，方正集团宣布实施“多元化战略”。之后经过三年的转型，方正已经不是原来的方正，从一个高科技公司变成一个全新的金融控股财团。地产商贸、金融证券、智慧城市、智慧医疗甚至智慧交通，等等，都纳入自己的经营范围。方正似乎忘了 2003 年确定的“有限多元化”的原则。

而海航更是多元化的高手，2012 年，董事长陈峰抛出了“超级 X 计划”，这个宏伟计划预示着海航踏上了以多方融资为支撑、以快速并购为主要手段的多元化战略扩张之路。

多元化战略可以让企业兴也可以让企业亡。过度多元化，分散决策者精力，侵蚀企业核心能力。如果整合不力将带来各种风险，最终导致企业破产倒闭。方正和海航的倾覆历程，就是例证。

因此，中国企业必须秉持战略理性，专注主业与核心能力；谨慎多元化，如果非实施不可，也要相关多元化，注意能力的互补与延伸。

企业如果要多元化，应该怎么办呢？

第二，多元化的企业，业务之间要有战略对冲。

我们前面说过，要保障企业的现金流，尽量不要多元化，如果企业要多元化，业务之间一定要有战略对冲。

仁达方略研究的产业组合平滑波动曲线理论，对于多元化企业大有裨益。所谓产业组合平滑波动曲线，就是根据不同产业之间利润率、成长周期波动幅度的不同，让利润率高、波动幅度大的产业和利润率低、波动平缓的产业进行组合，使制造业服务业、重资产轻资产等对冲，实现风险相抵、优势互补，形成一个平滑波动曲线，从而使企业的平均利润率保持在一定的水平，实现收益的持续增长。也就是“东方不亮西方亮，黑了南方有北方”。产业组合平滑波动曲线如图 1 所示。

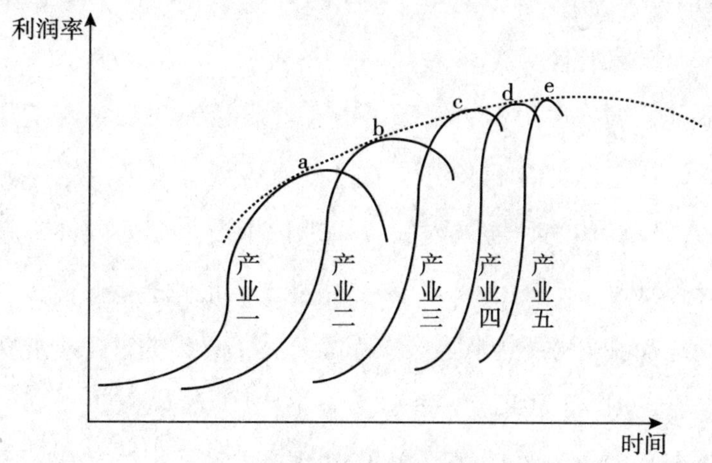

图 1　产业组合平滑波动曲线

2018 年 5 月初，盾安控股集团有限公司（简称盾安集团）深陷 450 亿元债务危机新闻爆出。盾安集团在 2017 年位列浙江百强企业第 27

位，连续16年入选“中国民营企业500强”，盾安集团的巨额债务危机，暴露出公司经营过程中的很多问题，最突出一点就是主业乏力、多元化布局不合理，产业波动曲线不平滑。

2008年4月，我们就曾用产业组合平滑波动曲线理论对盾安集团进行咨询建议，可惜未被采纳。抚今追昔，感叹不已！

早在2003年，盾安集团的姚董来北京邀请我帮其做战略规划咨询，当时听完他对企业的介绍，我就回绝了。据他介绍，盾安集团有六大主业，空调、民爆、房地产、水面养殖、食品、综合投资。我当时对姚董说：“在我看来，战略的实质就是选择做什么、不做什么，也就意味着，你的六项业务，我可能会砍掉两个，也可能增加一个，也可能替换掉两个。主业肯定不是尝试性投资，但我现在没有能力帮你选。而且我同时认为，你要的还不是这个，你要的是房地产怎么做大做强，怎么扩张到全国；食品怎么增加盈利，怎么战胜对手……这至多算是竞争战略，实际上就是策略。”

2006年，盾安集团相关负责人给我打电话说盾安集团上市了，规模更大了，以前的战略不够用了，想重新规划，我又拒绝了。为什么呢？因为，2006年的时候国内的战略理论主要强调协同性，就是集团的业务要有协同性，以主及辅，突出主业，其他业务要具有关联性、互补性，就是各项业务不能相互不搭界。我说：“你的这六项业务，我找不到协同点，相互不关联。”

2008年4月，我跟其负责人说：“现在，我可以明确告诉你哪个业务保留哪个业务去掉。”因为这时候我们的研究成果问世了，可惜那时盾安集团在各个领域都高歌猛进，已经听不进去我们的建议了。

各大学商学院都在讲鸡蛋不能放在一个篮子里面，但我们更应该问："既然鸡蛋不能放在一个篮子里，那应该放在几个篮子里？应该放在哪些篮子里？"我们的产业组合平滑波动曲线理论基本可以解决鸡蛋放在哪几个篮子里的问题。

我们再看盾安集团的业务组合，盾安集团是一家主营业务为先进制造、民爆化工、现代农业、新能源、新材料以及创业投资等的综合型企业，按照曲线分析，显然不合理，它的重资产业务比重过高。与它并肩成长的海亮集团，其产业涉及铜加工、基础教育、生态农业、产业金融、房地产业、环保产业、健康产业等，后来发展模式由重资产经营转向轻资产经营，逐步退出一些资产负债率较高的产业。为此，该集团原来的六大业务板块缩减、整合为教育事业、有色材料智造和健康产业三大业务板块。而盾安集团的业务，重资产又缺乏对冲，显然不平滑。而且，从高盈利、低盈利，长周期、短周期来看，盾安集团的业务都在去产能的范围，空调、房地产都在去杠杆的周期上。各个领域都难以为继，出现危机就不奇怪了。

再比如复星集团。复星集团作为中国民营经济多元化产业公司的代表，在进行产业组合时，依靠不同收益特性和成长规律的非关联产业组合，一定程度上达到了曲线平滑、保持集团持续成长的目的。比如，医药产业的收益特性是持续成长，房地产的波动幅度较大，零售业波动幅度较为平稳，钢铁波动幅度也不大但周期较长，产业之间具有一定程度的对冲。

第三，专业化企业也要想清楚做产业还是做投资。

很多企业在有了钱之后，却对怎么用这些钱伤透了脑筋。是开厂做实业呢，还是纯粹搞投资呢？很多企业在不了解自身资源能力的情况下，盲目地去做实业，最终陷入了发展的困境中。

我就碰到过这样一个案例。这是一家涉及能源和矿产投资、基础设施投资、高档物业、物流等行业的民营多元化集团，刚开始这家集团以投资煤矿为主，但不参与经营，等股权增值后就卖掉煤矿来获取收益。后来集团老总看到矿山发展得非常好，不但企业本身在增值，而且投资的金属矿、煤矿等产品也在增值，于是转而去经营矿山，做矿产的开采和销售等业务。虽然集团也在赚钱，但老总却觉得手下的人越来越不“顺手”了，而手下的人都是跟着自己工作多年的老部下，工作也和原来一样卖力。对此，这位老总百思不得其解。

我觉得出问题的不是他的部下，而是这位老总，他没有分清产业集团和投资集团的差异。

我们要分清两者在概念上的不同。如果一家企业集团选择好投资的产业后，投入资金，建造厂房，购置设备、原材料等，从事生产、流通活动，自己来经营管理，我们就称之为产业集团。因此，对所选择的产业进行投资的是投资集团，而对所选择的产业开展经营的是产业集团。若一家企业集团只是购买不同产业企业的股份或是企业债券，成为这些企业的投资人或是债权人，但是不参与企业的生产经营和管理，只是参与企业的利润分配，我们称之为投资集团。

产业集团如盾安集团，下辖机械制造、民爆化工、房产开发、农业开发、资源与能源开发等产业群。盾安集团不但投资而且参与各产业的生产经营运作。投资集团例如某控股有限公司，业务范围涉及有色金属开采与冶炼、原煤开采与销售、煤炭及相关矿产品深加工、铁路运输设备租赁、商业和物业等领域。旗下已拥有数家跨不同行业的控股及参股公司，但是它不参与下属单位的经营运作，只是作为投资人参与活动，获取投资收益。

产业集团和投资集团不仅是不同的概念，实际运行起来差别也很大。

首先，产业集团和投资集团在获取投资收益的路径上存在较大差别。多元化产业集团进行实物资产的投资，路径是从事生产经营活动，获取生产经营利润，着眼于资产存量的增加和社会财富的增长，直接形成社会物质生产力。从投入和产出的关系看，产业集团是一种直接投资的集团。而投资集团主要进行货币资产投资，目的在于获得货币资产的增值收益，即使投资于实业，最终也是分红或股权出售。投资集团并不直接增加社会资产存量和物质财富，从投入和产出的关系看，投资集团是一种间接投资的集团。

其次，产业集团和投资集团在战略选择的思路上是不同的。企业战略的实质就是选择做什么和不做什么，客观上说是怎么选择和布局，即应该选择什么样的产业。产业集团必须根据集团资源和能力的匹配情况来选择进行经营的产业。比如可能有一个产业会很赚钱，但还得根据集团本身的资源能力来权衡，而不是根据获得利润的多少来做出战略上进入或退出的选择。投资集团的战略选择相对来说就很简单，它所考虑的问题主要是哪个行业能挣钱，哪个行业投资收益更大。获取最大收益是它的首要任务，因而它在选择产业时受到的限制相对少一些，选择的空间更大一些。

最后，产业集团和投资集团对员工队伍的要求是不同的。就如那家民营多元化集团，原来是一种投资集团的运作模式，跟着老总的都是些金融、财务、法律等方面的人才，用起来自然是得心应手。而现在经营矿山，所需要的是经营管理方面的人才，如生产、安全、储运、销售等，这时候原来的那些人当然就力不从心了，这无异于让秀才去种地，庄稼能长好才是怪事。集团运作的不同模式带来了对人才配备的不同要求，难怪那位老总要郁闷了。

要分清产业集团和投资集团的差别，企业集团根据自身的实际情况分析自己到底要做产业集团还是做投资集团，企业的战略定位问题才会迎刃而解。

第四，需要深入思考并明确回答是做生意还是做企业。

很多企业本质上是做生意的，做生意就要把握机遇。但是当今形势下，做生意越来越难，那就要培养做企业的能力。做生意的本质是做机会，做企业的本质是做能力！

对于企业而言，发财不等于发展！前些年中国许多企业都发财了，但今天好多企业又不盈利了。因为过去有很多的机会、很多的空白，甚至简单模仿都能让企业盈利，今天要凭借独特能力和系统能力才能发展，而许多企业又没有这些能力。真正的发展是企业独特能力和系统能力的发展，是独特能力和系统能力的和谐。独特能力是你有一两个方面的特长，系统能力是你方方面面的综合能力。做生意不是做企业，做生意是做单，做企业是做企业的素质、企业的秩序、企业的能力。

改革开放之初，企业发展是要素驱动，一招鲜，吃遍天。凭借一个技术、一个广告、一个产品、一个资质，你可能就成功了。但是到今天，企业是竞争系统能力了，企业构成的各个方面都影响着企业的经营。独特能力是专长，是“长板理论”，系统能力不是要求企业在人财物产供销各个方面都做到第一，是要求这些方面都达标、都正常、都不能有大的漏洞，是“短板理论”。以制造业为例，它是几十个指标构成的，管理、技术开发、产品、生产、营销、资产现状、人力资源、规划情况、知识信息等，不能“瘸腿”。一个企业经营好坏，能不能活百年，不是看是否把一件事做到极致，而是看能否把这些系统都打造合格。合格不是要求所有指标都是数一数二的，而是要求你达到行业的平均水平。企业的经营好坏取决于“短板”，而不是取决于“长板”。你有一个方面不达标，就意味着这一个方面影响、损害了其他方面。所以好的经营者既要善于发挥自己的长处，更要擅长补齐自己的“短板”。今天做好一个企业是很不容易的，一方面要求培养特长，另一方面要求各个方面都要达标，多难啊。任何一个方面，都影响或制约着企业的和谐发展。

马云表示，做生意不等于做企业，做生意是单个的行为，而做企业是长期的系统工程。

现在回到最初的规模问题，就是你对企业到底是怎么认知的。我们可以看到日本有很多的小企业，一个啤酒坊，一个面包坊，一个豆腐坊……它们的老板祖祖辈辈就做这点儿东西，心无旁骛，不断积累能力，这就是所谓的工匠精神。许多人在某一领域做得好，就想连锁，就想扩大规模。例如开面包坊挣到钱了，就想去开餐馆，就想去卖饮料，就想去做金融，这是对企业认知出现了问题，本质上还是做生意的思维。

我认为现在许多企业的老总应该给自己一个定位，明确做商人还是做企业家。做商人和做企业家应该是两个完全不同的类型。什么是做商人呢？就是买卖，一手交钱，一手交货，拿来货，加个价，转手就卖给了顾客，交易过程很短。做企业家就不一样了，要把这个交易过程延长，先投资下去，经过一段时间之后才能回收利益。我们不能很清楚地说这段时间有多长这样的人就叫企业家，否则就叫商人，但我们可以有个大致的概念。比如好多失败的投资并不是因为项目本身不好，而是因为做企业的观念不对，这是否是我们做企业时商人味太浓所致呢？比如本来项目的正常投资回收期是三年半，但我们太着急，总希望一年半就收回成本，把投资当成买卖，于是原本想当企业家，却当成了商人。

企业家从不拒绝利益，但会抵御诱惑。利益对于真正的企业家不一定都是诱惑，因为他有约束力。真正约束企业家的可能还是价值观。做企业是为了赚钱，成为富人是一种价值观；做企业是为了成就一项事业，要做成行业的龙头、世界的一流，让企业受人尊重，也是一种价值观。泰康保险集团董事长陈东升认为，做企业就是要做事业，而不是做生意，你不是来赚钱的，你是来做事业的。有钱不等于有事业，做企业的人都想自己的公司成为百年老店，可是，在越来越激烈的全球竞争中，要做到这一点并不容易。要成为百年老店，就不能只是想着赚钱。做企业是要做事业，而不是简单地做生意。

做企业不等于做生意。我见过一些公司，在初期，凭借人脉关系，生意不错，但是后来坚持不住了，很多年原地踏步，没有什么发展。因为管理者没有按照做企业的思路来做，仅仅是在做生意。

所以，要想明白是要做生意还是要做企业。中国企业的老总也应该想清楚，自己是做商人还是做企业家。

第五，巩固价值链的位置还不够，还要构建企业生态圈。

在从供应商、制造商、分销商、零售商到终端用户的整个产业价值链中，企业往往只扮演着一个单一的角色。企业到一定规模，就不要满足于在产业链中找到位置了，一定要构建自己的生态圈，做到“不可或缺”。

为什么这么说呢？例如我是做手机麦克风的，做手机的上游产品，我提供这种配件，我在产业链上有一个位置了，这非常明确。但是这种在产业链中找到位置的行为，它比构建生态圈差在哪呢？

生态圈就是指企业在产业链中有位置了，然后打造一种不可或缺的生态关系，一旦出现意外情况，合作关系是打不破的。如果你仅仅是产业链上的一个供应商，你停工了，集成商就可以到另一家工厂去购买产品，国内工厂如果也不行的话，甚至可以去国外购买。之所以这样，就是因为你没有生态圈，没有和集成商形成共生关系。

2010 年 6 月 24 日，国美首次发布了三款定制产品——飞触平板电脑、海宝手机和太阳能充电器。飞触平板电脑是由国美和威盛共同开发的，这种由渠道商定制平板电脑的做法在国内尚属首次。

实际上，国美在 2010 年年初就制定了增加以零售对产业价值链整合为核心的定制商品的业务转型战略。牟贵先表示，国美通过市场调研了解到，如果平板电脑的价格在 1999 元，市场需求将高达 2000 万台，如果等待上游厂家生产再推广将无法引导市场，而国美首次深入研发、零配件供应等制造的最前沿，使产业价值链大为缩短，交易成本也明显降低。

国美表示，三款定制产品的推出，是国美商业模式变革的一个重要成果，这种商业模式的变化将会是零售回归商业本质的方向。国美将以世界博览会特许商品的定制为契机，通过定制产品对外展示国美强大的采购和议价能力，未来这类产品将占国美销售总额的 25%。

那么，国美到底是零售商，还是制造商？国美从传统的零售渠道介入产业价值链的其他环节，并加强对整个产业价值链控制的转型，正在对商业模式进行全新的探索。国美通过对整个产业价值链的整合，以零售商的身份按需定制产品，同时扮演着制造商的角色，这不仅仅是产品制造方式的创新，更是生态圈的构建，是中国家电零售业向产业价值链整合的战略模式的转型。

按照迈克尔·波特的逻辑，每个企业都处在产业链中的某一环节，一个企业要赢得和维持竞争优势，不仅取决于其内部价值链，而且取决于在一个大的价值系统，即产业价值链中，一个企业的价值链同其供应商、销售商以及顾客价值链之间的连接。构成产业价值链的各个组成部分是一个有机的整体，相互联动、相互制约、相互依存，每个环节都由大量的同类企业构成，上游产业（环节）和下游产业（环节）之间存在着大量的信息、物质、资金方面的交换关系，组成一个价值递增过程。通过产业价值链的整合，不但可以将具有不同优势环节的企业相连，使产业价值链的各个环节达到最优，而且可以有效降低产品在产业价值链增值环节上的成本。

作为家庭生活消费平台，篱笆网专注于年轻家庭的生活消费指导与交易服务，学车、婚庆、装修等都是篱笆网平台的主要内容。篱笆网原名无忧团购网，起家于团购，即在网络上组织一群素不相识却有相同消费需求的用户，团结起来向商家争取优惠价格。团购的概念曾经被篱笆网炒得火热，现在它却主动抛弃了团购。原因是时间一长，用户盲目团购、“团头”暗箱操作、售后服务缺失等问题不断冒出来，消费者无法实现无忧购买，单纯价格便宜也就失去了吸引力。

面对这样的困局，篱笆网主动寻求突破。价格便宜只是用户诉求的一部分，更重要的是买到满意的产品，并在整个消费过程中享受到优质服务，买得放心和省心。网站想要长久发展，就必须真正满足消费者的需求。以消费者需求为导向，走下网络，介入产业链，然后利用自己的信息化技术和商业模式，去适当改进和重组产业链，构建生态圈。篱笆网将团购模式升级为 C2B（客对商）的平台模式。在传统的 B2C（商对客）商业模式中，B 是主动，C 是被动；而在 C2B 的平台上，C 是主动，B 是被动。这样的 C2B 模式意味着由消费者决定产品的内涵和外延，把分散的力量集合起来，让商家按照用户的需求来定制产品。

如此一来，多赢的局面便显而易见。通过生态圈构建，篱笆网把商家和用户有效地团结在自己这个平台上，共同分担各种成本压力，各取所需，篱笆网也聚拢了更多忠实用户，逐渐在传统行业中赢得话语权。对商家来说，与入驻传统卖场相比，篱笆网省去了繁杂的上架费、堆码费、装修费、公共面积分摊费、管理费、人力成本等费用，自己只需要交纳少量的频道入驻费和订单提成费。对于消费者来说，通过篱笆网不但能够买到价格更低的商品，还能享受到优质的服务，以及篱笆网所提供的更为专业的购物咨询服务。

凭借 C2B 的平台模式，让消费者从被动到主动，篱笆网满足了买卖双方的切实需求，并为自己的经营开辟了一片崭新的天地。篱笆网以消费者需求为导向重组价值链，成功从发展的困局中走出来，并且创造了新的商业模式，为企业带来了飞速发展的契机。2008 年 7 月 7 日，篱笆网获得瑞典银瑞达和美国华登国际投资基金联合投资的 1500 万美元注资。

在产业价值链中，一个企业的经营活动与其供应商、销售商、终端用户的活动密切相关，它们之间有着信息流、物流、资金流的交换过程。企业要获得和保持竞争优势，不仅仅取决于对其自身价值的认识和创造，而且取决于对整个产业价值链的理解与适应。构建生态圈正是在产业链的结构下，遵循价值的发现和再创造过程，充分整合产业链中各企业的价值链，持续地对产业链价值系统进行设计和再设计。

目前，5G 大热，而在约十年前的 3G（第三代移动通信技术）时代，作为由运营商发起推出的线上软件商店——中国移动应用商场（简称移动 MM），通过整合产业价值链条各类内容及服务提供商、终端厂商、手机软件开发商和个人开发者，成为 3G 时代中国移动全面整合产业价值链以及商业模式的又一大创新产品。

移动 MM 为用户提供手机应用（包括游戏、软件、主题）和数字商品（音乐、视频、图书等）及各类移动自有业务的全新平台，满足消费者娱乐、生活、商务等各项需求。同时，通过为应用开发者提供一个在线销售平台以及计费通道，获得分成收入。与以往的网络应用不同，移动 MM 的最大特点就是开放性强。中国移动与服务提供商、终端厂商、终端用户等一起成为参与的主体。中国移动负责搭建体系，通过开发者社区为各类应用提供商和个人开发者提供开发技术支持和商业服务，并通过建立统一的销售渠道，向客户提供应用，从而打造良性循环的产业价值链，实现产业价值链共赢。移动 MM 将服务提供商、终端厂商、手机软件开发商和个人开发者整合在一起，从原来的通信运营商，转换成了一个提供各类移动自有业务的平台，通过产业价值链的整合，实现了角色的转换，降低了运营成本，获得了不错的成效。截至 2010 年 5 月底，注册用户数已超 300 万人，应用下载量近 2000 万次；移动 MM 个人开发者达到 4.3 万名，企业开发商高达 1910 家，提交的开发作品已超过 3.3 万个。

通过对产业价值链的分析，企业正确认识自己在产业价值链中的位置，有利于通过利用上下游企业的整合降低成本，赢得竞争优势。从国美定制商品、篱笆网 C2B 平台模式和移动 MM 的推出，可以看到，企业通过转换传统的角色，充分整合产业链中各企业的价值链，发展生态圈，不但可以有效降低产品在产业价值链增值环节上的成本，还可以将具有不同优势环节的企业相连，使产业价值链的各个环节达到最优，并在合作中共享价值。

第六，不确定的时代，要有确定性的抓手。

在不确定的时代，企业面临的环境不确定性风险不断增加，企业要转型、保持业绩增长甚至长期生存下去的压力也不断增加。

企业在经营正常的情况下，即便没有意外，也有可能走向灭亡。为什么这么说？在这个快速颠覆与迭代，并且新兴企业不断崛起的时代，一大批“大而强”的企业倒闭或者排队进入倒闭期，让人们意识到“大而强”并非企业抗风浪的“压舱石”。

“大而强”的频频失势，意味着传统企业发展的战略理论也受到挑战，因为传统战略的终极目标是“大而强”。其实，不要看现在很多新兴公司很红火，它们也可能像传统企业一样进入一个战略迷茫期。

在这个时期，领悟三句话很关键。

一是凯文·凯利的名言——“颠覆来自于边缘化创新”。

未来是难以预测的，能够预测的都不是真正颠覆你的因素；颠覆可以不来自企业内部，也不来自对手，而是来自不可预知的人。眼下典型的例证有很多。比如：特斯拉不是传统汽车企业，但它却要颠覆传统汽车行业；打败自己的永远不是对手，外卖颠覆了方便面，微信颠覆了通信业，滴滴出行颠覆了出租车，谷歌似乎与汽车无关，但它却率先开发了无人驾驶汽车……这就是典型的跨界颠覆。

总之，这是一个“防不胜防”的时代。你永远都不知道真正的对手是谁。像诺基亚、柯达、索尼等国际巨头，如果它们能够预知现在的一切，以它们的能力，以它们的实力，早就做改变了。然而，它们没有做出改变。

如果所有人都是敌人，那就没有敌人，这正是“颠覆来自于边缘化创新”的真实内涵，你根本不用防范对手，因为你不知道对手在哪里，你只要关注自己：如果你自己没有颠覆自己，被别人颠覆是迟早的事。

二是现在流行的一句话——“优势抵不过趋势”。

传统战略认为优势有价值，要利用优势，寻找新优势，与竞争对手拉开差距。但在颠覆力量面前，就不是这个道理了。

不仅传统战略的前提、理论框架失效了，而且传统战略追寻的终极目标——做大做强、寻求竞争优势，同样失灵了。比如，传统企业也喜欢利用资本来扩张，但从来没有像今天的新兴企业这样只要有未来，可以连续多年亏损。而在亏损状态，还有大量资金可以“烧”。一个企业，连续七八轮融资，在传统业态下早就“死”了，而在新业态下却活得相当精彩。

三是华为掌门人任正非的名言——“不确定的时代，要有确定性的抓手”。

现在，传统行业都进入了“不确定的时代”。“互联网+”意味着互联网将与所有传统行业发生联系。未来不确定，目标不确定，让传统战略失去了意义。那么，企业怎么才有未来?

“不确定的时代，要有确定性的抓手。”这是一句极富哲理的话，如果说传统企业的战略是未来的抓手的话，那么，颠覆时代的抓手是什么呢?

我们看看传统企业的架构：最上层是决策者，拥有资源，决策未来。而基层是执行层，不问为什么，只问效率有多高。

颠覆时代，更多的信息、更多的机会来自基层，任正非称之为“班长的战争”。这是巨大的信息不对称，上层把握资源，却远离机会；基层没有资源，却随时可能发现机会。传统组织架构解决不了这个问题。

不确定的时代，要有确定性的抓手。这个抓手，就是分布式战略，类似于区块链的核心要义——去中心化。

关于分布式战略，看看以下两个案例。

一个是知名淘品牌“韩都衣舍”，它是一个平台——由270个“三人团”组成的平台，每个“三人团”都是一个独立的经营者。270个“三人团”，就是270个创新单元，也是270个决策单元，270个经营单元。任何一个决策失误，都不至于整体失误；任何一个经营成功，资源就可以向它倾斜。

另一个是国内著名家电巨头海尔。张瑞敏用了10年时间，把8万人的公司变成2万个“小微主”的平台。海尔现在只有三类人：一是海尔总部平台的员工；二是2万个“小微主”，他们是创新单元、经营单元；三是无数个创客。

回头再看看柯达、诺基亚、摩托罗拉，当年它们都只有一个战略决策单元，而这个单元错了，一切都错了。这不只是没落企业的问题，也是传统企业的“通病”。

集中化的决策导致只要一个环节错误，企业就会垮掉；而分散式决策，只要有一个没错，企业就不会垮。未来企业，要有多个战略决策单元。

在颠覆时代，企业需要多颠覆中心，但又不能是一盘散沙。比较好的格局就是分布式的。举个例子：老式火车都是单一动力，所以说

"火车跑得快，全靠车头带"；现在高铁是分布式动力，每节车厢都具有独立的动力，协同起来是更大的动力。

如果说战略颠覆单元是分布式的，那总部干什么呢？总部是判断者、投资者。在多个战略颠覆单元里，总有一些是颠覆性的，总会有成功的，成功者获得总部的支持，并有可能成为总部的战略经营单元。

未来的组织，更多的是小微组织，颠覆要么出自技术，要么出自对消费者的理解、洞察。未来的企业，其战略不过是"见苗浇水"而已——为已经有成功苗头的创新单元提供资源支持。而资源能力，恰恰要成为总部的强项。

如果你不知道未来的颠覆者是谁，有两个办法可以找到"战略的抓手"。

一是在内部设立无数个创新颠覆单元，这些创新单元的成本极低。总体的创新，更多表现为资源投入的硬创新；基层的创新，更多表现为市场机会和技术敏感的创新。这样做的结果，就是分布式战略的产生。二是把企业变成一个投资机构，只要发现外部的创新，就通过投资纳入自己的体系。马云、雷军成功后，深知自己也可能会被颠覆。于是，他们打造"生态圈"，到处投资。这些投资对象，都有可能是未来的颠覆者。

第七，失败是进行时，不是终结。

通过这次疫情，我注意到很多企业主都是事后诸葛亮，等到问题出现再去想办法，这是非常被动的，实际上对于很多事情我们都应该先安排好预案。日本有一本书讲的是经营之道，究其实质，讲的全是危机，金融危机、财务危机、公共危机……针对这些危机，企业都应该做好预案。

在这个看似可控的世界中，危机无处不在：一方面，天灾、人祸屡屡出现，所导致的破坏性影响越来越大；另一方面，现代科技的日新月异带来的产业更新迭代，也随时可能给某个行业和领域带来毁灭性的打击。毫无疑问，相比20世纪，当今世界危机出现的概率在增加，破坏更残酷，影响范围更大。

令人担忧的是，说到危机意识这个话题，好像历来都不是企业关心的重点，许多企业家往往自信和雄心有余，而危机预防意识不足，以致危机事件发生时，企业往往就此一蹶不振。以本次疫情为例，一个典型的现象是，很多企业在疫情冲击下现金流迅速枯竭乃至资金链断裂，未来命运堪忧。很多企业如西贝、海底捞，日子好过的时候就不停扩张，突然遇到了一次危机，就停摆了，甚至有的企业支撑不下去了，其实这和疫情并没有太大关系，很多企业一点儿防范意识也没有，即使没有疫情，别的危机来了，也可能支撑不下去。

所以对于企业来说，无论规模大小，成立时间长短，都要有危机意识和应对危机的策略，才能在快节奏的发展过程中跟上时代步伐。不能总是事后想办法，事情已经发生了，那么只能补救，往往又回天乏术。企业还要有洞察力，洞察时势，同时要具有预见力，信息时代，慢一秒，一个企业就可能关门大吉。

疫情让我们有时间坐下来踏踏实实研究一下现实，就算洞察不了，也可以重新审视自己。视野成就未来，一个人对事物认知的差异最终形成了商业智慧，也创造出不同的财富。

这次疫情对于企业来说可谓一次生死大考，某些企业复工急如星火，但某些企业则是在艰难地垂死挣扎。

企业竞争符合自然法则，优胜劣汰，生老病死，别总想着救，有些企业是注定要被淘汰的。企业生生死死很正常。有企业死就有企业生。因为这个社会还要发展，还要维持正常运转，只要有需求一定会有企业诞生，只不过可能春天来了，你不在了。

失败并不可怕，失败是暂时的。但是，并没到世界末日，只要你还在，什么事情都有可能发生。这个世界就是这样，失败是常态，成功是少数。从长远来看，所有企业都要死掉，有长寿企业，没有长生企业。

史玉柱这个名字，相信国内做企业的都特别熟悉，他就是一个相当典型的例子。他开始创业时相当成功，创办的巨人集团发展迅猛。由于发展过于顺利，史玉柱头脑发热，或者也是因为年轻，竟然盖了一个耗资巨大的巨人大厦，结果导致集团资金周转不了，倒闭了。在一般人眼里，他失败了，负债累累。但是，史玉柱并不认命，硬是凭借一己之力东山再起了。后来的脑白金，尽人皆知。所以说，我们不要认为一时的失败就是世界末日。

我们必须在头脑中树立这样一种意识：失败是进行时，不是终结，也不是最后结果，更不是世界末日。唯有如此，当遇到挫折或失败时，我们才不会丧失信心和勇气，才有走出困境的可能。

祝福我们的企业和企业家最终战胜疫情，不断成长和发展！

王吉鹏

国内著名管理学专家，北京仁达方略管理咨询股份有限公司（简称仁达方略）董事长，长期从事组织变革和企业文化实证研究与咨询实践。仁达方略是国内领先的大型管理研究与咨询机构，集团管理权威。公司致力于为企业、政府及非营利组织提供从发展战略、组织变革、运营改善到文化管理、品牌提升的专业服务，服务客户涵盖国内 20 多个重点行业、近千家大型集团企业。

林　俊

不确定的未来，企业如何提升免疫力

内容提要　2020 年，疫情如洪水般向全球袭来。疫情影响下，企业界掀起了一场关于生存问题的讨论，即这场危机之后，什么样的企业能够生存下来，什么样的企业又能够从“危”中寻“机”。但归根结底，大家所讨论的问题其实只有一个：未来企业如何活得更好？面对不确定的未来，企业如何提升免疫力，如何进化成适应未来环境的形态，至关重要。

2020 年的一场疫情，改变了我们的生活，也让我们的周边环境发生了巨大变化，其中包括了我们的企业。对于很多中小微企业而言，这场疫情无疑是一次突如其来的危机，但它绝不会是我们经历的最后一次危机。不可辩驳的事实是这个世界曾经历了无数危机，可是为什么有些企业依然健在？为什么有些企业的业绩不仅没有倒退反而得到增长？我认为，要思考的重点不是逃离危机，而是如何更好在其中发展自己。

一、 回不去的过去

早知道就不要把公司规模发展这么大，现在就不需要这么痛苦……

早知道就把一些不称职的员工提前辞退，现在成本就低些……

早知道就把公司转型成轻资产，现在压力就小点……

早知道……

危机来临时，我们看到的更多是企业主的焦虑、抱怨和无奈。然而，无论你的企业是订单受损、员工离职，还是客户违约等，这些事件已经发生。无论你愿不愿意，时间无法倒流，我们已回不去。要么积极应对，要么继续消沉。

任何一件事，最重要的都不是它本身，而是它的影响。突发重大公共卫生事件的来临，大概率上对整体的经济环境、客户需求、企业内部等产生影响，甚至很多中小微企业难以生存。根据清华大学经济管理学院、北京大学汇丰商学院、北京小微企业综合金融服务有限公司联合调查，2020 年受疫情影响，85.01%的企业现金无法维持 3 个月以上，近 30%的企业估计疫情导致 2020 年营业收入下降幅度超过 50%。从数据统计上来看，虽然情况很不乐观，但我认为方法总比问题多。只要我们用心去应对，总会找到解决方案。

二、 不确定的未来

所谓不确定，在我看来就是拥有很多经验也没有办法准确推断的未来，简称“不可测”。

面对不确定、不可测的未来，有些企业主的态度是害怕的；但是也有些企业主面对不确定的未来，态度是憧憬的。为什么我们会害怕不确定的未来？最重要的原因是我们的企业本身还不够强大，如果企业足够强大，它对环境的影响力，对竞争的把握程度都会提升。近几年来，市场变化越来越快，如果企业仍然按照传统的方式经营，当然受到的挑战会变大，未来的不确定性也只会加大。然而，不管是人还是企业，我认为面对不确定的未来时，心态必须要端正。

一般来说，当市场经济好的时候，也就意味着企业发展的机会多；当市场经济不好的时候，很多人就难以判定未来市场的发展情况，未来市场的不确定因素让管理者难以做出判断，所以在面对未来市场的不确定因素的时候，大多数企业都选择按兵不动。这种做法比较保守，但很容易失去很多机会，导致市场份额减少。优秀的企业管理者应该把市场的不确定因素转化为机会。况且在不确定性成为常态的时候，企业的持续增长和盈利能力会遭遇挑战。如何跨越，实现基业常青，是每个企业必须立即正视的首要问题。

面对不确定的未来——

有人说："管理为王。"通过管理，我们可以让企业内部运转更加顺畅，成本降低。然而，企业管理更多偏重开源节流中的"节流"，对于开源的收入部分有些乏力。

有人说："营销至上。"好的营销的确可以让企业的收入快速增长，提早摆脱危机的影响。这样做的前提是企业的产品质量、服务等各种模块细节跟得上，否则在互联网发达的今天，营销越好，企业"死"得越快。

有人说："模式制胜。"商业模式的确是企业发展中重要的一环。

然而需要注意的一点是"在别人没做的时候，你靠创新的模式一定会成功。当别人都会做的时候，你要有一定的相持力和竞争壁垒，这是硬功夫，否则商业模式将会失效"。

有人说："赢在战略。"历史告诉我们，先知先觉是经营者，后知后觉是跟随者。战略能让我们做正确的事，许多企业战略定得不错，可是总是落不了地。原因在于它的资源及各方面条件不匹配，理想与现实的差距让人唏嘘不已。

那么，面对不确定的未来，我们企业究竟靠什么才能立足呢？

我的答案是：企业的免疫力。

三、何为企业免疫力

企业免疫力 = 企业环境应变力。

一个人的免疫力强，抗病毒的能力就强；免疫力弱，抗病毒的能力就弱。同理，企业也如此。当企业的免疫力弱时，抵御危机的抗风险能力也就越弱。

企业有四力：核心的竞争力，有效的执行力，客户的品牌力，环境的应变力。企业核心的竞争力是基础，有效的执行力是保障，客户的品牌力提供支持，环境的应变力带来发展。随着市场变化越来越快，企业面对市场环境的应变力，变得越来越重要。

过去，企业成功大部分靠机遇、靠红利、靠人脉、靠胆识，有了这些便可以赢得市场；未来不确定的时代，企业更多以综合实力为基础，靠应变力生存发展（见图 1）。企业的应变力越强，未来生存发展就会越稳健。

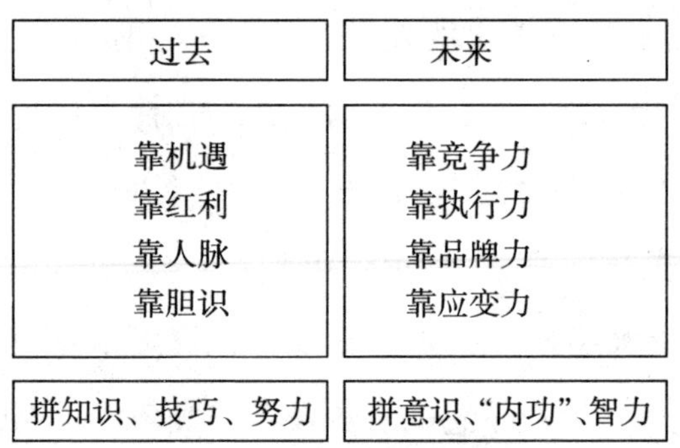

图 1　过去与未来企业成功靠什么

然而，为什么很多企业缺乏应变力呢？多年企业咨询经验与调研数据显示，很多企业缺乏应变力的原因如下。

（1）企业家洞察力弱，能力水平有限。

（2）前瞻性差，只考虑眼前利益。

（3）浮躁心态，急功近利。

（4）管理制度不健全，职位职务描述不合理。

（5）本位主义，部门各自为政，没有共识。

（6）市场生命周期意识缺乏。

……

为什么中国大部分的企业寿命不到 3 年？从以上的内容基本可以判断“死因”。

为什么日本企业的应变力强？为什么平均寿命长的企业在日本较多？

第一，日本企业家拥有扎实的经营内功。

大部分日本的企业家，都是从基层做起，一步一个脚印，遇到过很多的挫折和困难。在日本，几乎没有毕业生或者只有几年工作经验的员工就任核心管理者的情况，他们认为这样容易纸上谈兵，经验缺乏。

第二，日本企业拥有强大的团队凝聚力。

大多数的企业家与员工上下一心、团结一致，都会将企业的困难看成自己的困难，齐心协力地去克服困难。

第三，日本企业长期重视技术。

日本的产业技术水平是世界一流的，与人民生活密切相关的各类基础技术更是有很好发展。大部分的企业虽然人数并不多，但都专精于某一细分领域。

一个企业的经营水平过硬、团队凝聚、核心技术有优势，抗风险能力和应变能力也就大大提升，寿命也就不会太短。

四、提升企业免疫力（应变力）的六大方面

企业今天的收获，是昨天努力的结果；企业明天的成绩，是今天准备的结果；我们想要提升免疫力（应变力），不能只是“关注”而已，应该“行动”起来。行动，至少有成功的机会；不行动，连成功的影子都看不到。那么，如何正确行动？我认为在下一个时代，企业应该在以下六大方面进行提升（见图2）。

1. 市场提升：从“做规划”到“懂无常”

你认真思考过这个世界吗？世界上没有任何一个事物是持久不变的，无论什么东西，从产生的那一刻开始，都注定要不断变化。

一切无常，即一切都是在变化的。而在企业经营中，我们更要懂市场中的“无常”，才能以变应变。

（1）为什么要懂无常？

如果我们知道门后藏有一个人，当他突然出现时，我们就不会受到

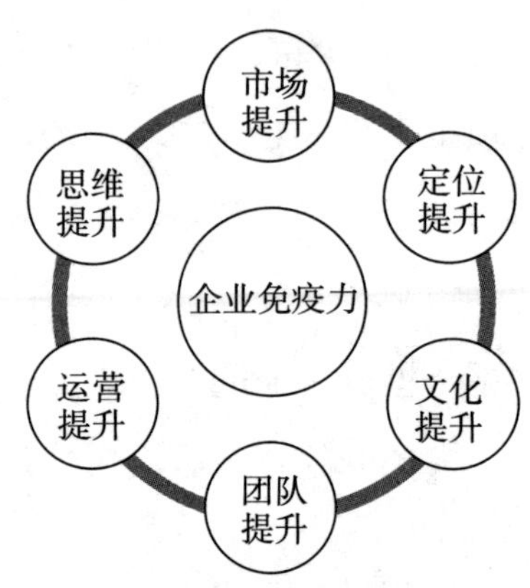

图 2 提升企业免疫力（应变力）的六大方面

过度惊吓。如果我们真正懂得无常，面对无常时，内心也不会受到太大的冲击。

我们总会潜意识对未来设定默认值，习惯默认未来一定会以某种形态到来，当未来的形态与默认的不一样时，痛苦也就随之形成。我们总习惯期盼好运长存，可实际上好运也是由各种外在条件促成的。当外在条件变化时，降临的也有可能会是厄运。如果没有做好迎接一切的准备，当厄运来临，我们就会很容易陷入阴霾。

我们生活在无常的世界中，面对无常，我们企业家应该抱最大的希望，做最坏的打算，以平常心对待。懂无常，我们就不会太紧张，而会以积极的心态去应对一切。

（2）市场无常中的“不变与变”。

市场无常中的“不变”：奋斗精神、利他之心、使命价值、从善美德、积极乐观，等等。这些经过世人多年验证的精神财富，是“不变”的要素。

市场无常中的“变”，关键要素有四种：环境、客户、竞争对手、员工。

一旦市场中，出现环境变化、客户变化、竞争对手变化、员工变化，我们也就需要跟着进化，否则将会被淘汰。要掌握市场无常，并随时了解这几个要素的变化程度。

总之，企业规划我们要做，但我们需要更加了解“变化”，习惯“变化”，积极乐观应对“变化”，在危机变化来临时做到胸有成竹、处变不惊，这是任何企业成功的第一步，也是提升企业免疫力关键的第一步。

2. 定位提升：从“你像谁”到“你是谁”

我们大多数企业对于“定位”这个词既熟悉、又陌生。熟悉是因为大家确实经历过“定位”热，相信在不少企业家的书架上都有里斯和特劳特的《定位》一书；而陌生是因为绝大部分人只是“凑热闹”，既没有深入研究，也没有真正掌握其精髓。

因此，企业的“定位”发生“错位”现象已经屡见不鲜，不少企业从一个错误的起点努力走向终点，不幸陷入“骑虎难下”的尴尬境地。

定位的本质是占领客户的心智，让客户将企业独特的个性、文化和良好形象留在心中。对于企业来说，未来定位核心的关键点不是“你像谁”，而是“你是谁”。

大部分中小微企业创业一开始都在模仿，而这种模仿，我们定义为寻找“标准”。因为大部分的企业管理者刚开始并不知道如何做，找到行业中做得好的企业作为参照，努力把自己的企业做成和它们一样，也是一种发展方式。我们把这个阶段叫作“寻找你像谁”。然而，随着企业往前走，如果还停留在这个阶段，客户认知和竞争壁垒就会出问题。一定要对自己有深入认知，分析自己的特点，做到有自己的特色，才能有自己的定位，这个阶段我们叫“发现你是谁”。聚焦“你是谁”，发挥好自己的特色，把自己的竞争力变得更强，才是正道。要做好“你是谁”的定位，要特别注意两点。

（1）不是“你能做什么”，而是“你不能做什么”。

在企业市场竞争中，不是你选择做什么，而是你的竞争对手允许你做什么。你能做什么取决于战略时机、取决于你所处的境地、取决于你的团队实力，也就是我们常说的天时、地利、人和。

可事实上，往往很多企业经常犯这样的错误：企业稍微发展好一些后，没有聚焦在自己的核心竞争力上，力求做强做精，却转型发展，想分市场上别人做好的那块蛋糕。殊不知每个企业的情况不一样，执行结果也会不一样。别人能赚钱，不一定自己做了就能赚钱。看到别人做直播，不一定自己做了就能做好。看到别人请明星代言宣传，不一定自己请了明星后产品就能销售出去。懂得舍，才能有所得。

（2）不是“我要让你记住什么”，而是“什么可以被你更好记住”。

过去经营企业或品牌的思维是我们把产品生产出来，然后通过宣传广告、人员推销等方式，让客户记住我们。我们把这种称为市场“推力”与“拉力”。有没有用？肯定有用，然而这并不是最核心的。

未来，我们应该思考的是什么可以被客户更好记住。一个企业或品牌能够合理存在，本质上是因为其为社会解决了某个问题，承担了某种社会责任。我们要把能够解决这些问题的价值发挥到最大，通过这些价值的“吸引力”去影响客户，这样才能得到客户的真正关注。好比洗发水，有些洗发水侧重点是亮发，有些洗发水侧重点是去头屑。我们要让客户记住的不仅仅是洗发水，而是它们的侧重点，并且要把这些侧重点价值最大化。

3. 文化提升：从“挂标语”到“看行动”

我们都知道企业文化重要，但大部分人都认为这是大企业的专属，小企业不需要什么企业文化。这种想法是错误的，其实小企业更需要企业文化。

（1）为什么要强调企业文化？

每个人都有各自的性格，同理，每个企业要有自己的文化品格，你的企业才会和别人的企业不一样。企业文化就是一个企业的灵魂，它决定了企业的经营思路、价值观念、特色、优势等，是其他企业无法复制和模仿的。它不仅是企业核心的竞争力，还是团队凝聚力的关键，更是企业强大的免疫力之一。但实际上，90%以上的小微企业都忽略了企业文化。

（2）阻碍小微企业建设企业文化的原因。

第一，精力有限。

无论是工作量、人员数量，还是市场客户量，小微企业可能都比不上大企业小微企业由于精力有限，分不出那么多时间和精力在看不见摸不着的文化上，它无法直接提供生产资料，于是逐渐被放弃。

第二，亲情大于文化。

很多小微企业在创立初期，大多数员工是熟人或者亲戚朋友。很多十几个人的创业公司，员工和老板的关系可能是同学，也可能是亲属。于是老板很难用正规管理方式来约束员工，也谈不上企业文化。

（3）未来小微企业如何建设企业文化？

第一，创始人或创始团队带头行动。

马云说过，当老板的第一天，要培养的就是一种文化，这样才有可能把企业做“大”，“大”了以后，文化才有作用。阿里巴巴的文化是从最初马云创业时就开始建立的。大部分的企业文化受创始人或创始团队影响。他们的理念、脾气、行事风格，会逐渐变成一种无形的东西存在，这种无形的东西就是企业文化的根和源头。

当这些文化逐渐传递给与他们一起创业的员工后，整个团队的文化就会逐渐形成。团队成员在一起久了，会有“夫妻相”。这就是企业文化建立的关键。

第二，规定制度行动。

由于工作原因，我有幸到过很多企业的内部进行咨询调研。我发现很多企业都会在墙上挂文化标语。但是如果随便找员工或管理者来问，他们可能讲不出墙上的文化标语含义，更有甚者连简单的文化标语都背不出来。试问，这样的“墙上企业文化”有什么用?

企业文化不能只挂在墙上，大部分的员工只关心明确利益相关的内容，比如薪资、考核指标、规章制度等。我们的企业文化要变成看得见的规章制度，这样员工才能真正用心去解读和记住。

第三，履行承诺行动。

我曾经看到一家公司，价值观文化是“诚信第一”，可是却在经营的过程中售卖假货。请问，这样的企业文化，你相信吗?

企业文化是企业的特有标志，我们应该对它有“敬畏之心”，对所提的文化内容，一定要遵守履行，而不仅仅是说说而已。

4. 团队提升：从利益共同体到命运共同体

在零售业有一种说法：“世界只有两家便利店，7－11 和其他便利店”。7－11 创立至今，仍然保持了增长势头。一个看起来十分传统的便利店企业，居然能够长期屹立不倒，甚至能够与世界电商巨头阿里巴巴比肩，这是为什么呢？答案是打造命运共同体。

（1）利益共同体和命运共同体的区别。

什么是利益共同体？在大部分传统企业，员工只是企业的雇员。这就意味着很多员工心里的第一想法是我是来赚钱的，我通过帮企业赚钱，来获得我应得的报酬。企业赚到钱，分配机制又合理，则皆大欢喜。但是如果我努力了企业也不赚钱，那说明我们不是最合适的利益共同体，企业另请高明，我也去寻找能体现我的价值的地方。这叫利益共同体。所以我们会发现，一些企业寿命短，有个重要的原因就是很多员工认为企业是老板的，不是自己的，没必要辛苦付出那么多。

什么是命运共同体？企业团队内部的命运共同体应该具有理念相同、价值共创、风险共担、收益共享的基础原则。

在企业当中，团队成为利益共同体的基础是，你们有共同的短期利益；成为命运共同体的基础是，你们有共同不能失去的东西。

给你涨50%工资，你愿意干吗？这是利益共同体。给你降50%工资，另外请你掏500万元投资，如果做成，拿5000%收益，你愿意干吗？这是命运共同体。对于命运共同体来说，员工与企业，谁也不需要对谁忠诚。大家真正需要忠诚的，是那个共同的梦想，共同的诗和远方。

（2）为什么未来企业需要命运共同体？

企业表面上业绩和利润的呈现，背后是员工的努力。企业只有在内部形成命运共同体，才能拥有强大的向心力和凝聚力，才能拥有强大的竞争力和免疫力。

如果一个员工发自内心向往企业所描绘的愿景，并且由衷坚信只要一起努力，就有可能让这个愿景实现，最终也可能因为这个愿景的实现，自己获得巨大的利益（金钱、名誉等）的时候，他将可能拥有巨大的动力，成为“风险”偏好者，牺牲自己的短期“利益”，和企业形成命运共同体，以求获得未来成功。

7－11 就是一个命运共同体，作为日本零售业最大的 B2B（企业对企业）共享经济体，7－11 构造了一个相互依靠的生态系统。在那里我们看不到冷血无情的厮杀，也听不到惨烈的战马嘶鸣。创始人铃木先生给大家构建了美好未来的梦想，团结了一大群热爱零售业的成员。

（3）小微企业构建团队命运共同体四大关键要点。

第一，企业的目标梦想不是遥不可及的而应是可实现的。

第二，团队成员持股分配。

第三，让团队成员参与重要管理决策。

第四，共同制定要遵守的准则与制度。

5. 运营提升：从传统合作到共享模式

我从来没有想过，一个工艺复杂的装修设计业务，可以联合在线平台，直播 8 天营收超过 3 亿元，而且还不是通过业务人员完成的。2020 年疫情期间，圣都装饰做到了。

我从来没有想过，在竞争激烈的餐饮行业，可以通过“共享员工”的运营方式解决疫情低谷时的收入和成本问题。2020 年疫情期间，盒马鲜生做到了。

我从来没有想过，2020 年最神奇消费场景是“不下车、油箱加满、冰箱装满”，汽车加油站跨界卖菜，而且一铺开就是全国第一。2020 年疫情期间，中石化做到了。

不管你承不承认，企业开发传统渠道合作的模式正在变得越来越窄。未来的企业运营正变得更加多元化，而共享模式必定是主流之一。

（1）什么是共享模式的核心？

作为一种新的运营模式，共享模式本质是发现新用户入口、融合资源及扩展新渠道，它的核心在于挖掘充裕而稀缺的用户资源。传统的设计装修公司不会让非业务人员去开展在线直播业务，传统的餐饮公司可能也不会想到员工劳动力不足时可以和旁边的其他店共享员工，传统的生鲜菜农也想不到会和中石化合作卖菜，但这些活生生的成功案例却出现了。充分挖掘新的用户流量，并参与融入，创新共享互利合作，这就是未来成功运营模式之一。

（2）小微企业如何运用共享模式？

第一，了解企业真正的优势产品或服务是什么。

第二，分析企业可以共享的东西是什么。

第三，调研客户高频接触的流量入口在哪里。

第四，不断努力尝试对接资源。

第五，适当构建属于自己的用户群。

对于小微企业来说，能够盘活周边资源并有效运用，以“小团队、共分利、大用户”的共享模式进行发展，将在未来活得比较滋润，企业免疫力也将变得更强。

6. 思维提升：从单体经营到进化共生

什么是单体经营？大部分的企业老板在对待外部市场竞争时都想着靠自身全盘拿下，吃完整个蛋糕；在对待内部发展问题时，想着自有的几个员工能完全满足需求，赚得丰厚利润。然而，在这个不确定的时代，如今任何一个企业，想要独善其身，独霸天下，几乎已经不可能，各种跨界行为，可能会击败原有行业里的巨头。

今天企业面临的最大挑战是什么？不是快速变化，而是持续变化。这种持续的不确定性、无法判断的未来以及万物互联所带来的影响，导致任何一家企业都无法独立存在。所以，我们需要把自己融入一个生态系统、一个共生的商业生态环境中。

(1) 未来企业面临的经营发展方向思考。

纵观世界上大部分的长寿企业我们发现，这些企业可以分为两种类型，一类是长寿专注型，另一类是长寿演化型。长寿专注型企业在业务上更加专注，在漫长的企业生命中很少涉及主业之外的业务，目前大部分的细分领域冠军企业都属于这种类型。长寿演化型企业的业务构成随着时间的推移往往会发生变化，企业一般会针对发展过程中遇到的各种危机适当调整业务，以便持续存活下去。阿里巴巴就是此种类型，谁也不知道它未来会进化成什么样，只有未来的时代知道。

然而，经过调研我们发现，很多专注型企业可以长期专注于一些传统的细分行业，但是随着社会变得越来越复杂，经济环境越来越复杂，基业常青的现象很难持续下去。反之，演化型企业却具有强大的免疫力，适应每个变动的时代环境。面对着不确定的未来，企业拼的不是大或小，不是多或少，也不是快和慢，而是谁能活得更久。从这个角度来看，演化型的企业更能适合未来环境生存下去。

(2) 进化共生是演化型企业下一个时代的主要选择方式。

没有成功的企业，只有时代的企业。每一个时代对企业都会提出许多的要求，如果你不能面对时代对你的挑战，你就没法让你的企业很好在这个时代生存。

在当今这个时代，传统经营思维正在受到越来越多的挑战。

第一，不一定公司组织大就更有优势。

在传统经营思维里，公司一定要做大做强，才会更好发展。然而，相关媒体在社交平台上公布了李佳琦和李子柒 2019 年的年收入，李佳琦的收入近 2 亿元，而李子柒的收入也有 1.6 亿元，这两个人的个人收入甚至超过了2123家上市公司的净利润。这意味着个体价值逐渐变得越来越大。

第二，不知道企业真正的竞争对手是谁。

大润发创始人黄明端辛辛苦苦创业20年，做到了中国零售业第一的成绩，年营业额超过1000亿元，结果被阿里巴巴一次性全部收购。而线下零售，只是阿里巴巴许多业务线中的一条而已。当今时代，跨界经营的企业越来越多，挑战你的往往不是直接竞争对手，有可能是跨界新手。

第三，所有的成功经验，不一定在未来有用。

我们即将迎来的是新基建时代。什么是新基建？它是中央经济工作会议提出的新型基础设施建设，包括5G、物联网、特高压、人工智能、工业互联网等新领域，本质上是信息数字化的基础设施。新基建是新兴产业，这些领域和技术以前从未出现，也就意味着人们不能照搬过去成功的经营思维和经验。

因此，未来颠覆你的往往不是竞品，而是不可预知的观念、思维和产品，只有进化共生才是更好的选择。未来，连接比拥有更重要，协同比独享更有价值，开放边界、共生成长是企业的核心特征。

（3）企业进化共生的三个改变。

第一，对待员工的改变。

互联网带来比较大的变化就是让个体拥有的知识、拥有的信息、拥有的能力、拥有的机会变得更多。随着微信公众号、今日头条、小红书、抖音等平台的不断加持，个体的价值变得更加强大。这样的环境下，一个老板如果想要把一个优秀的员工留在自己的企业里，其实是件很难的事情。优秀的员工是没法控制的，他们需要吸引。所以，今天摆在所有企业老板面前的两个重要问题是：你愿不愿意把你的事业分享出来，与你的员工共生协作，而不是当高高在上的指挥者？你愿不愿意开放公司，把它变成动态的“人才做主”小平台？

海尔为什么变成一个“人单合一”的创客平台？在海尔，只要你足够优秀，就可以成为某一细分事业板块的负责人。未来优秀的人才可能不属于任何公司，而大部分的公司也不只属于老板一个人。未来行业间、企业间、团队间的人才流动，会远比今天频繁。

第二，对待客户的改变。

今天，很多行业都被重新定义，其客户价值也在无限释放。你会发现，小米最早是卖手机的，但是现在连床上用品都在卖；很多自媒体原本只是媒体，现在连生鲜都卖；就连中石化都在卖生活用品和食品。已经有许多的企业正在通过跨界突破市场边界，这是因为它们有效发现了客户的深度需求。今天，大部分客户外在的需求都是表面现象，而内在真正的需求是“信任与喜爱”，很多客户“信任与喜爱”小米的品牌价值观，从而喜欢小米给他们推荐的任何产品。小米已经成为一个巨大的IP（知识产权），吸引了太多的“粉丝”。

再比如故宫，按照人们以往的惯性思路，故宫只是一个旅游景点，再多一些文创产品就是扇子、丝巾、雕塑之类的，和大众化的产品没什么太大区别。可这几年的变化是，故宫正带领着全国的博物馆们以新的方式出现在人们的眼前。即使你没有亲身去体验“紫禁城上元之夜”、故宫角楼咖啡、故宫火锅，但你很有可能听过故宫口红、《上新了·故宫》。

未来的企业应该站在“利他”的角度，为客户发现更多真正的内在需求，运用客户信任的IP角色，带给客户更多其他的价值，与客户共生。不要希望一次性从客户身上赚很多钱，而是要培养客户信任，以长期服务客户的思路改变经营方式，在帮助客户获得价值的同时获得自身成功的一种新路径。

第三，对待竞争的改变。

一个企业、一个品牌、一个产品单打独斗的时代早已结束。企业受外部因素影响较多，尤其是当出现具有替代性的竞争品牌时，情况更加不容乐观，企业所付出的成本也将会大幅增加。如果企业间可以共生，就可降低风险，品牌与品牌之间相得益彰、双方均有裨益，让各自品牌在目标消费群体得到一致的认可，从而改变传统营销模式下品牌单兵作战易受外界竞争品牌影响而削弱自身穿透力、影响力的弊端。

企业共生就好比把鸡蛋放在同一个篮子里，有利也有弊。但我认为当下，共生是企业应对激烈市场竞争比较好的一种战略。与各个“靠谱”而关联的企业共生，让产品应用场景无限延伸，可以让企业在危机下多一扇“逃生门”。

五、 结束语

每一次环境的巨变，都会发生两件事情：一是诞生新的物种；二是淘汰不适应的老物种。事实上，每一次危机来临时，都会诞生一批成功的企业。可以说，危机是企业的转化器和加速器。企业应从各个方面提高应对突发事件的能力和水平。

危机，危机，何为危？何为机？你的行动是积极的，就是机会；你的行动是消极的，那面对的就是危险。

面对不确定的未来，我们不知道还会发生什么。但只要不断强化企业的免疫力，我们在任何环境下都能“茁壮成长”。

林俊

海南方格理商业服务合伙企业（有限合伙）创始合伙人，上海加俊文化传播有限公司 CEO（首席执行官），资深管理咨询师、企业管理培训专家，中国咨询培训行业“金典奖”“华尊奖”获得者，拥有多年世界 500 强企业及世界知名咨询公司中高层管理经验。曾出版《起点》《合伙：强强联合的不二选择》《让企业培训更加有效：首席培训的第一堂课》《大客户营销四大宝典》等多本经营管理类书籍。

第二篇

寻找发光的自己

王　兵

中小企业和团队的“轻量化”运营与管理

内容提要　初创公司需要管理吗？这是很多创业团队或拟创业者都必须面对、难以绕开的困惑。多视角研究创业公司运营管理案例，我们会发现，很多经典的管理理念与方法显得水土不服，而以信任、降维、利他精神为基础的全场景赋能、轻量化运营思维与方法，表现得更高效。这当中领导力的去中心化、执行力的去中介化，经营要素的下沉与前置等，都值得我们深思、探索。

中小企业很容易让人将其与小规模、轻资产、灵活便捷经营等画等号。而事实往往没有想象中那么美好，尤其是在企业的管理方面，由于不重视、理念与方法不当等，中小企业十分容易步入非常“重”的发展道路上，比较显著的特点是，普遍采用中心化管控方式，久而久之，累及可持续发展，因此，转换到赋能的理念与轨道，行轻量化之变，迫在眉睫。

本文所说的“轻量化”，主要指的是，通过对思维模式、资源配置、管理机制等进行改善，减重变轻、效率提升的优化创新过程。

长期以来，有一个很流行、很著名的管理观点——管理是为不自觉的人而准备的——对不少人造成了误导。

2015 年 9 月，有一位重庆的朋友找到我讲述了自己的烦恼。

几年前，这位朋友创办了一家活动策划公司，业务发展得不错，团队规模已有 30 人左右，客户也比较稳定。但是，她觉得自己一直奔波于客户和项目之间，疏于公司管理，少数员工有些“放羊”，她问我有什么好的解决办法。

我当时这样问她：“公司的员工主要分两种，一种为自我驱动型，另一种为被动型，那么，公司的收入和利润，主要是由哪一种员工创造的?”

她说：“当然是自我驱动型。”

我又问她：“是自我驱动型的员工需要管理，还是被动型的员工需要管理?”

她毫不犹豫地说：“是被动型的员工，不管的话，他们比较容易‘走神’。”

我反问她：“你精力本来就有限，还要分一部分去管理那些不太创造价值的员工，不觉得这是浪费吗?”然后我建议她，如果真要做管理，就为那些自我驱动型的员工提供更多授权与支持，为他们提供更好的薪资福利回报，让他们更好地创造价值。

“那些被动型的员工怎么办呢?”她追问我。

我说：“顺势而为，自然淘汰。”具体来说，就是让自我驱动型的人形成一种环境和氛围，影响带动其他人。当然，对于影响带动效果不好的，一定的淘汰是难免的、必要的。

实际上，我们已经处在一个控制趋于失效的时代，相当多的企业却还没有建立足够的现实认知、理解与重视，甚至相当多的经理们依然沉迷、享受并极力维护着高度控制状态的管理模式。

我认识几位“85后”，他们在一家大型的互联网科技公司担任经理或者高级主管，他们告诉我，这家公司当下的一种主要管理方式是，设立由人力资源等部门组成的庞大督察团队，每天像“幽灵”一样在各办公区巡查，随时记录员工的各种违纪违规行为，比如“玩”手机、吃零食、相互交谈与工作无关内容、办公桌面放置“超规”物品等，然后计入绩效考评，轻者通报批评、罚款，重者降职降薪，甚至解除劳动合同。而且，这家公司的绩效体系中有一个几乎尽人皆知的“潜规则”：员工加班的多少很大程度上影响绩效的好坏，为此，哪怕是当天的工作已经做完了，大家也都继续留在公司不下班。

这种管理风格，不是个别存在，而是在很多企业应用并被奉为经典。与之相配套的，往往还包括机械死板的打卡考勤制度、流程僵化的层级结构与沟通限制等。

有一种比较常见的控制式管理表现，我将之形容为“想节约10元钱，却投入了100元的管理成本”。我曾经见过一家成立已经有20多年的中等规模公司规定，所有员工的出差申请、借款、订车票机票必须经过项目主管、部门经理、行政主管、财务、副总、总裁等签字，然后报销又要经过同样的签字环节，如果中间出现变化，如改期、取消，还是要经过这些环节。当我问为什么不直接权力下放，并将成本核算到部门时，得到的答复是集中管理、采购机票有利于节约成本。而我接着问：

“这么多环节审核所花费的时间消耗有没有核算过？难道不是也同样属于成本的构成部分吗?”面对此问，这家公司的行政副总十分愕然。

看得出，这位行政副总对时间成本基本是没有概念的，更缺乏对时间价值的分类应用。对一家企业来说，其雇用员工并付出的薪资福利以及管理成本，除了用以覆盖人的经验和能力，还有相当一部分不仅要考虑人的生产性时间占比，以及价值挖掘，也要尽可能减少无效时间的占比，因为这都是成本。

我曾经给一家 B 轮创业企业的公关总监岗位推荐了 3 个候选人，其中 A 是 1988 年的，有 3 家乙方公司和 2 家甲方企业的工作经验；B 是 1985 年的，毕业前就在一家中型公关公司实习，5 年多后升到客户总监，然后去了一家创业企业负责公关，3 年多伴随这家企业成为独角兽；C 是 1982 年的，有 3 年多媒体记者的经历，后来在一家小型公关公司做了 2 年多策划经理，再在一家 Top 公关公司做了 7 年多，从客户经理做到了事业部总经理。最终企业选了 A，这家企业的联合创始人给我反馈的考虑是，A 年轻、综合经验更丰富，而 B 要求的薪酬略有点高，C 则年龄太大，担心不好管理。我最初给的建议是，在待遇相差不大的情况下，3 个候选人的排序是 BCA。两个多月后，这位创始人告诉我，那位 A 被劝退了，因为一段时间后发现此人想法太多却不怎么落地、搭建团队的能力不足、不愿意动手。我和该创始人说：“选人用人，千万不要唯年轻论，更不要前置假设，主观地认为年龄大就不好管理。”

我的一位在某企业担任高管的朋友，向我提到过他的一位下属部门经理，对员工的越级沟通极其敏感，并严加约束，引发了团队成员频繁辞职，以至于连客户服务质量都难以保障。于是，这位高管持续地和他的下属展开了探讨，并设计了一套新的部门沟通机制。然而，非但未见效果，情况反而更加恶化了。原来，这位高管出于维护部门经理个人威望的考虑，没有去明确改变原来的限制越级做法，而那位部门经理则推测团队里有人“打小报告”，限制越级的做法变本加厉，致使团队中两位成员共同找到高管声称要辞职，并反映部门经理的问题。这位高管才知道情况的严重性，并迅速撤换了部门经理进行团队调整。此后，历时两个多月，团队才恢复到基本正常的状态。这个过程中，部门丢失了两个客户、损失数百万元，代价可谓不小。

我这位高管朋友每每和我提及此事都唏嘘不已、反思良多。我们有一个共识，必须改变层级森严的管理结构，其背后是控制思维在起主导作用，而在新的环境下，这种非常陈旧的思维，会表现出极强的惯性，阻碍创新与改变，把团队带向糟糕的状态。

一个值得中小企业重视的现象是，越来越多的大企业，在改变层级森严的管理结构与机制方面下了非常大的功夫。比如招商银行内部就有一个被称作“蛋壳”的行内 UGC（用户原创内容）交流平台，据其内部人士介绍，“蛋壳”的诞生起源于该行行长田惠宇在内部网站评论区看到一位员工的留言，于是田行长邀请这位员工当面交流了一个多小时。受此启发，“全员覆盖、自由发声、自动触达、时时反馈、在线督办”，打破壁垒与部门竖井，旨在实现意见和建议的智能收集与转化，“发现价值，聚拢智慧”的“蛋壳”应运而生，并发展成为常态化全员创新交流的平台和机制。

我们还谈论到一些更为极端的控制式管理表现，其中比较典型的如迷信所谓的人品至上，对员工采取道德绑架。有这样一句常被企业管理者们奉为信条的用人标准：“我们不怀疑你的能力，但是，却不看好你的人品。”

我曾经问过多位将此言视为真理的企业管理者们这样一个问题：“假如有两个人，其中一个表示，他能力很强，人品嘛，可能不那么好；而另一个表示，他没什么能力，但是人品相当好。那么，你会录用哪一个？”

人品固然重要，问题是，在没有充分了解之前，如何去判断一个人的人品好坏呢？相对来说，能力则体现得更直接，也比较容易验证。一个人如果连解决问题的能力都没有，人品又从何谈起？相比过于在意所谓的人品问题，管理者们可能更需要明白一个浅显的道理：其实，能力是人品的组成部分，而且是基础的部分，而我们常说的“人品”则是对人更高的要求或评价。如果本末倒置，就很容易导致所谓人品好的庸才得势、所谓人品不好的人才被错过。

我们可能经常听到的一句话是“公司缺的是人才，而不是大爷”。如果一个人根本没什么能力也“大爷”做派，那不用多说，直接请走就行。因此，这句话更多反映出来的，是部分企业对少数能力比较强却有“大爷”做派的人的态度。

那么，我们为什么不换个角度看问题：让真正有能力的人当一当“大爷”又有何妨呢？甚至，有些时候，真正的人才其实就是“大爷”，肯定比自认为是“大爷”的庸才要好得多！

现实是，我们发现很多企业宁愿把庸才当“大爷”，却不愿意为真正的人才提供更灵活便捷的工作条件，反而处处提防、设限，苛刻对待他们，这才是最可笑的。

我见识过一家企业的控制式管理，堪称“奇葩”。这家规模不到100人的企业，老板先是将限制员工上卫生间时间的内容写入员工守则，发现没什么效果后，又专门和物业沟通，自行承担费用将使用时间不长的坐便器全部拆了扔掉，改造成蹲便。结果，企业的员工纷纷跑到楼上或楼下的卫生间去方便。

管控思维在一位资深的 HR（人事）那里也同样存在。

这位 HR 当时效力于一家比较成熟的中型公司，想让我去给他们的部门经理们讲一讲如何管理“90 后”员工。我告诉他：“‘90 后’需要的可能并不是管理，而是赋能。”

在我创办独立智库后，除了自感经验和能力不及，还有时间冲突外，我拒绝过的项目需求只有一种，就是让我去帮助树立或者传达诸如“这样不可以、那样不允许”“必须如何、严禁如何”的思想。因为我觉得这种仍然充斥着管控导向的思维，与我的“赋能”主张和价值选择是严重相悖的。

“赋能”，如今已经是一个高频词，有点儿随处可见、无处不在的感觉。那么，这个几乎人人都在推崇的“赋能”，究竟是什么意思呢？实际上，可能 100 个公司，对此会有 100 种理解。

我一直尝试用简单的文字来描述自己对“赋能”的理解，最终聚焦为这句话：能效，直达一线。我围绕这句话，综合各方面的观点，总结了这个“全场景赋能”模型（见图 1）。

展开来说，它包括几个层面：底层是信任、降维和利他精神，这是连接组织与组织、组织与个人、个人与个人的基础；前端是实现“能效，直达一线”的三个支撑，包括边界的不断打破与重构，价值的普遍参与和共享以及个体的自我驱动思维；中间则是在领导力主动下沉和执行力充分前置两种保障下，组织四要素团队、知识、客户与生意的高效部署，既要传导底层精神，也可切实衔接组织与个体利益的一致性。

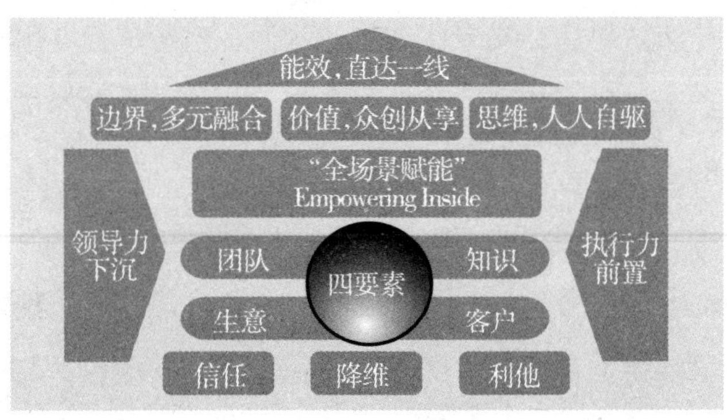

图1 “全场景赋能”模型

对于信任和利他精神，其实都比较好理解，而说到“降维”，诸多被奉为经典的管理主张中都会包括“升维”，但往往过于强调下属对上司的理解、揣度甚至迎合。这种高高在上的理念，显然已经过时了，和要求小学生必须理解高等数学是差不多的道理。如今，降维是更重要且现实，却又比较难做到的。咖啡之翼创始人尹峰有一次在接受媒体采访时表示，之前，自己总是用很专业、很文气的话语向员工指出问题，但讲完之后问题依旧存在。后来才发现，是自己出了问题，必须要改，要用员工听得懂的话语和他们沟通。

在我看来，尹峰所说的“用员工听得懂的话语和他们沟通”就体现了比较典型的降维精神，这是不少中小企业管理者缺乏、需要去补上的内容。

企业经营中，团队要素是具有强动因属性的，也是在赋能方面需要突破，可发挥空间最多、最大的。

中小企业在招人、用人上普遍存在不愿意培养新人的情况，宁愿抬高薪酬招熟练工，加剧人才生态恶化的同时，自己的招聘困境也难以改善。但是，许多中小企业主几乎都持同一个理由：培养了人才他们就跳槽走了。他们很难意识到，培养的过程是可以发掘人的潜能创造价值的，而且，也是留人的过程。相比之下，抬高薪酬招熟练工，挑战不小，既有个人能力和经验方面的，也有重新融合方面的，还有更多企业招人的竞争因素。毕竟，没有文化向心力的团队，随时都会因为别人给更高的薪水而塌掉。当然，这不是鼓励压低薪水培养人的做法，而是说起码可以两条腿走路，自己培养新人和招聘熟练工两种方式相结合。

某种意义上，人力资源就像煤矿、石油那样难以发现、不可再生，且过度开采或不当开采的话，不仅煤质或油质下降，还会导致生态破坏，贻害延绵。

有些中小企业的人力资源管理模式，就有点类似于矿主对煤矿、石油的过度开采、不当开采，且缺乏生态保护，静态被动，缺乏中长期人力资源预见、规划和储备，临时应急招聘成为常态，过于强调“我想如何，我希望如何……”“你应该如何，你必须如何……”，却不考虑或很少考虑“我应如何，你可以如何”。

这是大量企业出现招聘难、留人难现象的主要原因之一。这种破坏性思维主导的人力资源管理模式必须要抛弃掉，转为再生性思维主导。

曾经有一家 A + 轮的科技型创业企业，资金比较紧张，让我帮助推荐一位品牌经理，其实这个岗位是要帮助企业从 0 到 1 建立品牌，以及建立市场、公关、营销等一整套运作体系并执行落地，然后伴随企业发展，还要搭建相应的团队，是一个储备性质的品牌总监岗位。

我先后帮其推荐了几个人，最后都没谈成。让我奇怪的是，企业创始人接连和我“吐槽”候选人能力不够、薪水要得太多、没有格局等一系列问题，而我推荐的人也有些疏远我。经过了解，我发现关键问题出在企业能给的薪资待遇远低于市场平均水平，企业负责人比较坚持，缺乏灵活性，没有适当提高薪资待遇的标准，或者通过期权等方式来补足，而是通过放大候选人缺点的方式来“压价”，甚至让候选人觉得我的推荐“不靠谱”。

于是，我给该企业的创始人建议，不要去招有较多经验的人，就算他愿意来，也可能是心有不甘的，人招来了也未必干得长久。当时，恰好我担任客座教授的大学有一位不错的应届生，我认为可以培养，就推荐给这家企业，并建议招聘后，从助理起步，由我来进行全方位的“传帮带”，企业只需要付这个应届生的薪资，外加我的顾问费用，相当于用我的经验，主要动脑、动嘴，加一位新人的动手，就满足了企业的需求。不到一年，这位应届生加了两次薪，升到了高级主管，进步得非常快，两年多就成了这个创业团队的核心力量。

企业经营中，知识管理是很多中小企业不重视的。常见的说辞是，“我们规模小，目前活着是最重要的，还没时间和精力来考虑这个事，等我们活得好一些后……”

其实，这是将知识管理看作包袱，而忽略其本身属于生产投入的一部分，是可以带来产出的。人有流动性，而知识的沉淀是公司的重要资产，且具有更长久、可持续的价值。

前面提到我帮一家创业企业招了应届生进行全方位的“传帮带”，其中非常重要的一项内容就是分模块、有步骤配合企业的业务发展，建立一套基本的品牌、公关、市场等运作体系，并持续完善。在年度总结时，我私下和这家企业的创始人讲，即便现在那位应届生因为各种可能的原因离开了，也不用太担心，因为他留下来的知识资产是可以让新来的人比较快接手并继续下去的。当然，新来的人，也可以是公司内部现有员工中的某位，不一定只考虑外部招聘。

2020年年初，全球范围的疫情突发，很多企业迎战这一变化，纷纷采取远程办公的灵活作业方式，克服困难、维持经营活动。这当中，我参与帮助了几家快速发展的中小型公司设计、完善远程工作机制。这几家公司都遇到同样的问题：业务流程比较粗放，缺乏一套标准、严谨的工作规范，如简单易用的会议纪要、统一的文件名称与版式等。多人异地工作时，工作流程不畅、工作文件合并后格式混乱，严重影响了效率，头一两天甚至出现员工在各种群里争吵的糟糕状态。这算是企业需要加强的知识管理之一。

不少中小企业会将客户与生意混在一起看待，在促成客户向生意转变的过程中，反复转圈走弯路。我曾经接触到几家B2B模式的小型公司，它们都属于同一个行业，盯着同一批客户，采用相同的拉客户模式，喜欢招一些号称有各种客户资源的销售，让他们通过电话、拜访，出现在各种会议、论坛、展览场合，以及线上群，去拉生意。事实上，效果基本可以忽略不计。两三个月难见成交，他们就干不下去辞职走了，企业基本白白发了工资，能留下的至多就是几个潜在客户和或真或假的联系方式。那些销售辞职时甚至都说不清楚企业的产品卖点和优势有哪些。更糟糕的是，这样的情况循环往复，一位销售辞职了，再招一位，几位销售辞职了，再招一批……

后来，其中一家公司和我沟通，想通过组织开展持续的知识沙龙、专业论坛等方式，打造一个自己的销售品牌。为此，公司不再招聘单一的销售，而是从产品和运营人员中，选了几位担当商务顾问和市场专员，来具体运作。我也参与其中，帮助做一些客户案例挖掘、趋势研判及客户咨询的工作。很快，这家公司就与其他公司拉开了距离。

我在参与这个团队的总结会时，分享了我的思考：知识管理对客户向生意的转化，尤其对拉近距离，而且是持续拉近与更多客户的距离，有极其重要的价值。其实，这个道理已经被诸多大公司验证过，只是中小企业很难领会其中的精髓，更极少能用一种小而轻的方式进行借鉴操作，更多的是比较死板地照搬大企业的“重”做法。

这样的教条还会表现在寻找合作伙伴方面。

曾经有一家刚完成 A 轮融资的创业公司，想找一家公关公司合作，向我询问如何招标、找到一家好的公关公司，要不要发个标书，邀请几个大公关公司来提案，提案几轮比较合适……当了解到其预算是一年 150 万元左右时，我告诉相关负责人，公关公司不能按好坏分，而是要考虑合适不合适；所有的公司，都是由具体的人来服务，所以，关键是看人。然后，我建议他们重点从几个方面来考虑。

首先，选 1～3 名相对固定的服务团队成员，具有策划、文案与媒体交流等基础能力，如果有能力多元的人一肩挑更好，切忌被公关公司一堆高管迷惑，因为他们付的公关费甚至都不够聘请一名高管平时来直接服务。

其次，考察这 1～3 人的直接能力，可以体现在两个命题：一份 10 页以内的策略规划和一篇 1500 字的综述稿。当然，最好为此准备一点费用，如果觉得合适而采用，多少付一点儿费。

最后，让这 1～3 人的团队，制作一份服务价格明细，每次服务进行一小时左右的面谈。

给几家大公关公司发标书，还要几轮提案的做法，折腾别人也折腾自己，未必会得到最优质的响应，还存在疏远潜在合作伙伴的风险。

拉近和疏远的问题，在企业内部也是必须要正视的。我曾经看到一篇文章，内容是关于企业内的业务部门呼吁人力资源“不要再给我们组织培训了”。我平时也会偶尔听到一些人吐槽自己的公司人力资源组织的培训如何不好。这类呼吁也好，吐槽也好，其背后是否说明人力资源组织的培训没有价值呢？其实未必。更大的可能是，培训没有充分针对业务部门的需求，说到底就是人力部门离业务部门不够近，毕竟一些公司的人力资源对业务是缺乏了解的。

我是从2007年带团队开始，就面对这种问题的。起初，我自己在工作中不断地思考、总结，为团队组织各种培训，甚至会结合培训有多种形式的“考试”，我认为这可以解决与业务结合的问题，但是，“填鸭”的感觉比较强，效果呈现出递减的趋势。然后我适度调整了培训的方式，改为团队成员轮流相互分享的方式，逐步完善，形成了一套保持团队自主学习的方法，应用到后来我带的多个团队中，而且开发成了专门的课程和解决方案，向一些中小企业输出，辅导其实施，效果比较稳定而且可持续。

我发现，不同的人对待学习存在五种不同的状态：第一种是从不主动学习，鄙视和抗拒学习，持学习无用论，自己感觉什么都懂；第二种是看起来喜欢学习，但是学而不消化，更不会将所学应用于自己的工作与生活；第三种是爱学习，学而能消化吸收，但是很少用于自己的工作和生活，主要用来要求别人，以此证明自己的高明和强大；第四种是好学并能快速消化，并且积极用于自己的工作和生活，却少有分享交流，以警惕之心害怕别人学了自己所学；第五种是有良好的学习惯性，能积极用于自己及身边人的工作与生活，爱分享，以知识助人为乐，并形成良好循环。

一个团队一旦构建起来良性的自学习惯性与氛围，处于第五种状态的人会更多，其带动作用是强大而且持续的。同样，可以在此过程中，综合考虑，适当优化一下第一种状态比较严重且长期不见改变的人。

企业内部的远近问题，更深层次看，是由不同的人，基于经验、认知、目标与意愿等综合条件积累的孤岛化问题，不仅影响企业正常的运行，更是创新赋能的巨大障碍。我认识的一位世界500强企业中国区的副总裁，有一次和我提到，在他们的公司里，有一位专职的高管，负责解决内部创新的障碍，为一线提供服务。

我曾经工作过的传媒集团虽然规模上和世界500强没法比，但是在行业内也是排名靠前的大公司。我在这家公司前后工作了10多年，2005年从一个小项目的文案开始，到2017年从高级管理岗位离开，自2007年开始带团队，我就养成了一个习惯，不定期写“主管手记”，一开始主要是与团队伙伴们交流我的一些思考和想法，后来，我管理多个团队，客观上自已离一线的距离在拉远，但是，这个“主管手记”一定程度上发挥了帮助我与一线保持沟通的重要作用，有的时候也可以帮助一线解决创新松绑的问题。

这个做法不是我发明的，是学来的，很多知名的企业家都有这样的习惯。然而，我发现中小企业的管理者们，却少有这样的习惯。

有一个不到20人的中介公司，虽然小，发展得还是比较成熟。3位创始合伙人都很年轻，从公司成立之初，一直冲在一线。他们遇到了一个问题：员工的抱怨有时候会比较严重。可以想象，3位创始合伙人都冲在一线，员工的压力不会小。

其中一位创始人问我：“对于员工的抱怨，要不要理会？如何理会?”

我告诉他，根据我的经验，抱怨主要分两种情况，第一种是有情绪积累得不到宣泄，大部分人属于此种；第二种是少部分的情况，抱怨本身就是宣泄情绪的一种方式与途径。所以，可以区分来看，如果是第一种，就要解决情绪宣泄的问题，如果是第二种，就不要理会。唱歌、爬山、剧烈运动等，可能都有此作用，也不排除有的人喜欢安静看书、睡觉，或者洗个澡。于是我向他介绍了写“主管手记”这个做法，他接受并坚持有两年多了。其间，他时常和我交流，都会提到，这不仅对缓解员工抱怨情绪有帮助，自己思考问题、做决策的能力也在提高。在他的理解中，写“主管手记”，是打开自己、放下身段，还有表率与示范意义，团队的沟通效率和质量都有很明显的提升。

还有一些企业则在做着几乎相反的事，比如我了解一些企业的线上办公系统，首先不是考虑为员工服务，更缺乏为员工对接外部，如客户服务的设计，而是侧重于为老板、管理者、财务等服务。我将之形容为向“守门员”看齐，而不是帮助“前锋”的办公系统，这反而增加了基层员工的麻烦。

这种现象并不是孤立的，一家企业此类情形往往是批量存在的，折射的是老板们的个人烙印。因此，赋能要从重新定义“老板”上进行突破。这里所说的“老板”不仅包括企业的实际控制人，还泛指企业中的“上司”们。

具体来说，有几个改变特别重要。

改变一：变规则驱动为示范驱动。

身为“老板”，制定规则并依托规则驱动企业发展，当然不能说不重要，更不能说不需要，但是要加强示范驱动的比重和应用程度。我在决定辞去传媒集团高管职位之前，和我管理的几个团队多次交流自己凭什么管理大家。不是凭年龄大、思维敏捷度滑坡、待遇高，更不是凭职位，而是凭我作为团队成员之一，对团队的价值。如果我都不能体现一个团队成员的价值，我能领导一个团队多久呢？

改变二：变成本控制为赋能投资。

有一家企业，A+轮融资的时候，获得了一些创投媒体的免费报道，包括对创始人的专访，那时这家企业还没有设置公关部门。后来企业到了B轮融资时，招了一位比较有经验的公关经理，打算建立公关部门。但是，当这位公关经理做了传播计划向创始人申请一些预算时，遇到了质问："你没来的时候，我们A+轮融资，媒体都是免费给我们做报道的，为什么现在我们发展更好了，请你来也是看中了你的经验和资源积累，却反而要花钱了呢？那我请你来的意义何在？"

公关经理被问得一时语塞，甚感沮丧，向我求助。我告诉她，媒体之前的免费，其实和VC（风险投资）是一个性质的，VC出的是钱，媒体出的是资源，本质却都是要求回报的。VC的投资，如果到了下一轮，估值是多少倍的增长呢？到了企业IPO（首次公开募股），回报又会是多少倍呢？那么，媒体的回报是不是能以此为参照？

改变三：变管理为服务、约束为开放。

我遇到过的大部分中小企业都存在一个通病，就是组织架构过于复杂，麻雀虽小五脏俱全，一个30人的公司，五六个部门，100人的公司，不仅部门更多，还分多个层级，副总裁、总监、经理一大堆。一边是员工的高强度加班，一边是大量时间被浪费在内部沟通的损耗上。在我看来，大部分中小企业都可以使用一种弱化行政特征、只有两个角色的架构：项目经理和项目成员。不同的团队成员，可以有能力、经验，甚至职位上的区别，但是，项目中的角色，要么是对整个项目负全责，这就是项目经理，要么是对项目中的某个部分负责到底，这就是项目成员。项目会有不同，比如大小、难易、耗时长短、赚钱多少等，哪怕再小的项目，项目负责人可能会是一位助理，配合助理的，也可能是总裁，但是，项目中的这两个角色是明确的。另外，不同的人，在各个项目中的机会与挑战，可以得到的支持与受到的约束，都有相当的对等性。

对于这种在一些人看来有些理想化的组织架构，虽然已经多次在实践中得以检验，仍然会遇到质疑。我之前的一位下属总监就略带委屈和不满地专门找我沟通，称自己需要时间去改变。我当时问他："在一个近身'肉搏'的时代，当对手的'刺刀'都已经到了你鼻尖的时候，你能跟对手喊'暂停'吗?"

诚然，对大部分管理者来说，去中心化是一件挺困难的事。如果一个企业的赋能基础比较薄弱，执行力前置，则可以循序渐进、逐步展开。我曾经给一家快速成长的科技公司进行全员赋能培训，参加培训的包括公司市场、服务、产品、技术、人力、行政等多个部门。针对其部门间的孤岛问题，我给了大家一个建议，增加对自己前部岗位的关注，发现未提出的需求，并对照自身的能力，主动开展支持，或者说推销。说得简单点，就是把自己的前部岗位当成客户对待，去主动寻找内部销售机会。

在提出这样的建议时，我指出："要么给'炮兵'装上刺刀，拉到前沿阵地去，要么干掉'炮兵'。"这里所说的"炮兵"指的是团队里还守着"自己是支持者身份和角色"思维的人，他们不能进入项目场景，不能对项目结果甚至过程负责，只会远远地开"炮"，显然已适应不了"拼刺刀"的竞争态势，处在被淘汰的边缘了。如何进入项目场景呢？就从向自己的前部岗位赋能开始。

还是在2010年的时候，我曾经主导了一次公司组织架构调整，那个时候我负责所供职传媒集团的大平台部门，这个平台承担着全集团资源整合和业务落地的双重任务，向各事业群提供支撑。这种模式可以发挥规模优势，却面临着运作流程环节太多、效率太低、客户响应慢影响满意度等问题。平台部门的员工由于远离一线，自身的专业知识与能力更新慢、职业发展瓶颈非常明显。

经过半年多的准备，我向公司管理层提出将平台部门拆分、让相关职能与人员融入对应的事业群的建议。我认为，这样可以在缩短平台支撑与一线业务的距离，提高整体运作效率的同时，让相关员工寻求更大的职业发展空间和机会。

这项调整在初期很多人是不理解的，但是，真正运行起来后，大家才陆续发现不仅公司整体效率得到提升，个人也从中受益，包括直接的收入提高、职业前景更加光明等，特别是自我驱动型的员工，后来他们十分感慨，如果不是我下决心做出改变，也许那几年就浑浑噩噩过去了。

当时，也有同事对我个人的举动是有疑惑的，认为我作为这个部门的负责人，等于把自己饭碗给砸了。我是这样回应这种疑惑的：没有砸掉一个饭碗的决心，就没有重构一口锅的可能。

毋庸置疑，摆在“老板”们面前的挑战也急剧改变，比如他们的管理使命变得更难达成了，其中最典型的就是“外行领导内行”将会越来越没有市场。具有不同经验、专于不同领域、具备不同能力结构的人，会以互补、合伙的关系进行协作，而非相互管理、领导与被领导。自管理会成为普遍通行的现象，被更多人所接受和奉行，自管理需要人们以自我赋能为前提，因为每一个团队成员，只有先自我赋能，才能赋能于人。

王兵

独立智库“首席赋能官”创办人。拥有超过十年全媒体传播、品牌公关、数字营销及相关管理实战经验，和高校教学研究沉淀，是横跨业界与学界极受欢迎的咨询与培训顾问之一。其所创办的独立智库品牌“首席赋能官”，倡导、研究与实践“全场景赋能”，主张“能效，直达一线”，正陆续被一些组织作为全新的风险管理与效率优化模型应用。

郑　锋

中小企业的危机观

内容提要　创业总是与风险结伴而行的。如何预见风险，如何应对和化解危机，如何在险境中发现机会，是每一位企业主、管理者都应该经常思考的问题。特别是中小企业，存在着资金、人才、品牌等资源储备不足的状况，自身还不够坚实强大，经不起折腾，管理者更应该树立正确的危机观。要想成功应对危机，中小企业管理者需要时刻具备危机意识、预见危机并进行抗风险储备、在危机中争取机会、危机过后做好复盘总结。

市场就像无边无际的大海，无数船只在上面游弋。大企业像大船，小企业像小舟，在航行的途中，它们随时会遇到风浪，或者迷失航向，还可能遭遇各种意想不到的情况。相对来说，大船坚实厚重，而孱弱的小舟却随时都有倾覆的危险。

毋庸置疑，创业总是与风险结伴而行的。如何预见风险，如何应对和化解危机，如何在险境中发现机会，是每一位企业主、管理者都应该经常思考的问题。特别是中小企业，存在着资金、人才、品牌等资源储备不足的状况，自身还不够坚实强大，经不起折腾，管理者更应该树立正确的危机观，在企业创立和发展的过程中，居安思危，始终保持强烈的危机意识，做好核心资源储备，做好应对任何危机的准备。一旦出现危情，企业先要坚强地“活下去”，努力减少损失，伺机突破羁绊、走出泥沼，并尽可能从突变中发现机会，顺势脱颖而出。

一、 疫情，给企业上了一堂危机课

2020 年年初，新冠病毒突袭人间，到处“作案”，恶贯满盈。为了抗击疫情，阻断传播链，社区开始封闭，除了承担防疫应急物资生产任务的企业和一些药店、食品店，其他大大小小的企业、商家几乎都停摆了。

往常，每个企业、每家商户就像一部部运转的机器，原材料进来，产品卖出去，换成钱，支付工资和其他各种成本，然后更多的原材料进来……如此往复循环。眼看着盼到了春节市场旺季，需求将集中爆发，本来是“机器”全力加速的时候，却因为突发状况紧急刹车。前后仅仅几天的时间，几乎所有的行业突然陷入了停滞状态。

春节是合家团圆、亲朋相聚的时节，也是餐饮业的“黄金期”。有家知名的中型餐厅，早在春节一个多月前就接到大量顾客的预订，以至于春节后连续十几天的房间全部都订满了。店家计划农历腊月二十九放假，大年初二开张，按照以往的经验，生意要忙一个月。然而，在除夕前后的几天里，疫情消息便传开了，随即得到了官方的验证。接下来，便不断有客人打来电话退订，最后所有的预订都取消了。餐厅经理沮丧而又无奈地说：“为了做好这个春节的旺季市场，我们准备了很多新鲜的食材，现在只能低价处理，损失太大了。”这个场景几乎是所有餐饮店在这个特殊时期的缩影。

很多生意尤其是服务业，都是有季节属性的。春节是民众的集中消费期，典型的有餐饮、旅游、娱乐消费等，除此之外，其他商家也会推出节庆促销活动来吸引消费者，主动参与到春节的旺季市场当中来，如家电、家居、建材等卖场。春节处在学生的寒假期间，这里面还有各种教育培训机构开办的托管班、假期艺体班等。总之，春节市场几乎涉及各行各业，这个阶段的运营数据对一个企业来讲，关系到全年的整体效益，对一个地方来讲，则关系到当年的经济发展目标。

除了服务业的企业，生产企业同样遭遇了不小的打击，和春节市场相关的行业，产品销路一下子就断了。同时，在疫情防控严峻形势下，原材料采购、物流运输、人员复工到岗、销售等问题把企业牢牢困住。

商店暂缓营业，工厂延迟复工，但是成本一天天在消耗，包括房租、库存、资金成本等，还有客户的催货压力，供应方的账期付款压力。对于中小企业和个体户来讲，这无疑是巨大的打击。如果一些中小企业撑不过去倒下了，又会带来一连串的经济问题。对于中小企业来讲，这是一场普遍性的危机。而对其中的初创企业，或者涉及疫情期重点管控的部分产业（具有人群聚集特点的线下教育培训、影院、餐厅等），更是一场致命的危机。

其间，我接到很多中小企业主打来的咨询电话，从交流中可以感受到他们内心充满了惶恐。综合来看，在这场危机中，大部分企业主手足无措，有的被动等待、承受煎熬，有的盲目转型、仓促上阵，效果不佳。更可怕的是一些企业由于资金链断裂，不得不宣布破产。之前企业在运营中顺风顺水，日常经营管理都是循规蹈矩、按部就班，没有经历过大的起伏和历练，也就没有建立任何的风险防范机制，缺乏必要的安全性储备，遇到突发事件就没有牌可打了。深入思考背后的原因，其根本是企业主、管理者没有危机意识。

当然，也有个别企业反应迅速，伺机而动，通过创新实践交出了漂亮的答卷。

第一种情况是，在原有商业模式创新的基础上，抓住机遇迅速做大。某市有一家农民合作社，规模化种植果蔬，还经营着多个生鲜小超市，但是一直深感传统经营存在危机。为了跳出这种单纯依靠店面的销售模式，管理者在几年前就开始布局移动互联网，依托供应链优势，面向市民推出了一款本地生鲜 App（手机软件），积累了部分用户，但是由于生鲜的非标、损耗、新鲜度等问题，一度也陷入发展瓶颈。暂时的困难没有阻挡前行的脚步，他们坚定战略发展目标，精心打磨流程细节，形成了遍布全市的配送网点。疫情发生后，他们立即推出多点位消毒、无接触送达的服务模式，对应解决了疫情期间居家市民的消费痛点，受到欢迎。市民在家中通过手机下单，三个小时内就能收到生活所需的生鲜和其他食品。疫情防控期间，这家企业线上销售订单每天 70 多万元。更重要的是，人们在这两个月的时间里，逐渐养成了使用这个 App 购物的习惯，这等于为平台培养出了一大批忠实用户。

第二种情况是，有些企业在准确预判突发形势后，立即做出战略和战术上的调整。山东一家孕婴童品牌连锁机构，本来是做线下业务的。疫情期间，公司老总亲自上阵做直播，从实体门店营销系统，讲到互联网营销探索，视频和直播内容直击母婴店痛点。短短二十多天时间，他在视频平台收获“粉丝”十多万名。之前，这位老总就曾经多次和我交流关于拓展视频营销的想法。我对他十几年的创业历程非常了解，他总是充满忧患意识，总是在思考如何从变革中寻找机会。

机会总是留给有准备的人。从以上两家企业的案例中可以看出，即便是在没有遇到危机的时候，它们的管理者都一直保持着强烈的危机意识、忧患意识，并在突发情况下做出了最快的积极反应，进行果断和勇敢的创新尝试。

疫情出现之后，举国上下强力打响防控阻击战，防控效果在三月逐渐显现。随着疫情态势的变化，中央审时度势，作出统筹推进新冠肺炎疫情防控和经济社会发展工作部署，各地根据不同情况稳步有序推进企业复工复产，推出减税降费、援企稳岗、缓解成本、金融支持等扶持政策，帮助企业和个体户恢复生产经营。同时引导市民消费，逐步恢复人民生活秩序。

在复工复产、恢复经营的过程中，有的企业做得就很好。比如有家餐饮店迅速安装了智能喷雾灭菌门，并配置了公筷公勺，推行分餐制，获得顾客的赞誉。

一家中型制造企业复工时，因为有一百多名员工，企业的负责人很担心出现问题，于是他来找我商量，我给了他一份我起草的复工复产方案。这家企业对照方案逐条落实，顺利开工，甚至成为附近企业复工复产的样板，复工复产方案如下。

1. 复工准备

（1）准确把握政策，确保复工合规。

国家层面对于稳妥推进企业复工作出部署，这是总的基调。企业还要关注所在省市县区的地方性政策和规定，包括政府部门关于复工的通知安排。

（2）认真评估复工条件，制订复工计划和应急预案。

要根据当地的疫情状况和企业的实际情况，综合考虑确定“何时复工、如何复工”，围绕疫情防护、工作推进等制订详细的复工计划。除了复工计划，还要制订应急预案，确保有备无患、万无一失。如果公司处在疫情高风险地区，或者公司性质决定了其具有显著的聚集性特点，建议延迟复工。

（3）做好物资准备。

物资主要包括生产经营物资和防疫保障物资。

（4）进行复工前培训。

培训可以采用线上形式，也可以印制发放防疫期间生产经营行为手册等宣传资料，公司培训各部门负责人，然后分级传达，重点让后勤人员掌握疫情防护服务方法、员工掌握生产经营期间的疫情防护规程等。

2. 疫情防护

（1）对员工信息细化管理。

对员工个人和家庭信息进行全面登记，细化管理，重点关注员工本人或其家庭成员与疫情高风险区发生的动态联系等。

（2）推进公司相对封闭管理。

通过这一举措，减少企业内外双向流动，降低人际传播风险。

（3）做好个人防护，两头测温检查。

要求员工戴口罩，做好个人防护，公司在上下班进出两头进行员工体温检测。

（4）工作场所卫生治理。

做好场所病毒灭杀，定时通风换气，在车间、仓库、营业场所、办公场所增加洗涤卫生用品、消毒用品，或安排保洁员增加清扫频次。

（5）信息共享与联动。

配合政府主管部门防疫工作，做好企业与社区的信息共享，加强政企联动，发现疫情和相关线索及时上报。

3. 企业运营

（1）尽可能线上办公。

充分利用线上办公、视频会议等形式开展工作、传达任务，减少人员聚集。确需聚集开会时，要掌握时间，要求参会人员戴口罩，保持一定的安全距离。

（2）妥善解决员工就餐问题。

此举基于两个方面考虑，一是复工期间外部餐饮店尚未全面开市，二是员工外出分散就餐不利于疫情防控。原本就有食堂的，可采用错时就餐；没有食堂的，在此特殊时期可联系第三方团餐专业机构配送。

（3）根据岗位特点，设计差异化工作时间。

人员较多的企业，可采取错峰上下班；能够独立完成工作并适合以成果检验的知识型岗位，可安排在家中远程办公；行政后勤岗位，可采取轮流值班制。总之要根据企业不同特点来设计工作时间。

（4）在经营方面推进线上策略。

例如，采用电话沟通、视频连线、微信、QQ 等联络方式，与客户进行业务交流。积极探索布局移动互联网，推进线上线下融合的营销创新。

（5）适当考虑疫情影响，宽容审视绩效考核任务。

疫情的出现，对企业和员工来讲，无法预料。在这种情况下，企业需要重新审视上半年的绩效考核内容。

（6）鼓励员工树立信心，共克时艰。

这个时候，员工有忧虑，缺乏安全感，企业领导要给管理人员鼓劲，管理人员要给基层员工鼓劲，带领大家树立信心加油干，取得最后的胜利。

有一本书叫《下一个倒下的会不会是华为》，书中表示任正非无疑是一个永远的危机意识者，一部华为发展史，其实就是一部危机管理史。正是因为这种自我批判意识的长期存在，这家优秀的公司能够及早进行系统化准备，总是能够在绝境中亮出秘密法宝、备选方案，终于凤凰涅槃、浴火重生。

创业本来就是一件高风险的事情，无论是处在初创期、成长期，还是成熟期，都可能遇到各种各样的问题。我有个观点，创业就是不断遇到问题、不断解决问题的过程。企业所遇到的问题，大部分是经营管理中的日常问题，属于内部问题，比如发展方向、管理机制、生产流程、人力资源等问题，当问题达到了比较严重的程度，就造成企业的内生性危机。还有一类问题主要来自外部，比如这场疫情，具有突发性、系统性的特点，比日常问题来得更为迅猛，后果更为严重。无论是哪种危机出现，它都可能会左右企业的生死存亡。

中小企业创业者，规模、资金、团队、竞争力等，在行业内相对处于弱势。特别是在初创期，由于资金不足，其他资源不足，企业经不起大的风浪。所以，生存安全是首要的。先要想着如何活下来，再寻求发展机会，这是创业的铁律。

意识决定行动，行动决定结果。作为中小企业主和管理者，乃至全体员工，一定要时刻保持强烈的危机意识，做最好的努力，做最坏的打算，做最多的准备。

二、 防范，增强抗风险能力

认识危机、预见危机，才能有所准备，包括心理上的准备、资源上的准备、预案上的准备。这样，一旦发生危机，才有可能沉着冷静、积极应对，把状态调到最好，把损失降到最小，甚至可以在危机中发现机会，逆风飞翔。

对企业来讲，要弄清楚危机到底是什么，才有可能预见危机。从字面上看，危机是指十分紧要的危险关头，同时蕴含着机会。企业所遇到的危机，主要分为两大类：第一类是内生性危机，即生产经营和管理中出现的重大问题，比如核心团队集体辞职、财务状况恶化、销量大幅下降、发生安全事故等；第二类是外发性危机，比如发生地震、洪涝、瘟疫等灾害，严重影响企业正常的生产经营，还有市场大环境、竞争格局突发巨大变化所引发的危机。

从时效上，危机又分为长期性危机和突发性危机。生产经营中的多数危机属于长期性危机，是由长期或者阶段性经营管理不善造成的，比如财务状况恶化问题，一般是销售收入下降、成本增加、现金流不畅导致的。突发性危机则呈现时间较短、速度较快、危害性更大的特点，如自然灾害。当然，突发性危机不仅仅指自然灾害，像突发的负面舆情、突发的安全生产事故等，也都属于突发性危机。

本次疫情既是外发性危机，也是突发性危机。它不以人们的意志为转移，具有不可预测性。同时它是系统性的，也就是说受到冲击的是多个行业、多个市场主体，容易引发连锁反应。对于这类危机，企业主虽然无法预测，但可以从实际的应对案例中，总结出一些安全防范策略。第一是保持相对的现金存量，这是最重要的一点，正所谓“手中有粮、心里不慌”。可能有企业主说：“我的资金都用于生产经营还不够，哪有闲钱放着呢?”即便如此，也要确保能在应急时迅速回笼资金。资金链，说到底就是企业的生死链。第二是要构建互为补充的供应链系统，强化主渠道、优化备选渠道，避免紧急关头在一棵树上“吊死”。第三是着眼未来，积极探索新的营销模式，如果上帝关上了你的一扇窗，那么你就自己再打开一扇门。这不仅是逃生之门，也可能是胜利之门。

除了预防外发性危机，中小企业还要根据自身的情况，对内生性危机的可能性进行预判，并做出系统化的预案，以备不时之需。

针对内生性危机，应首先排除安全风险隐患，诸如生产安全、产品（食品）安全隐患等，这就要求企业不断强化安全意识、细化安全管理。安全大于天，要确保做到万无一失，否则一失就“万无”。特别是化工、食品、运输等企业，因为其产业特性，抓好安全防范尤为重要。曾经有一家做冷食的小企业，经营业绩很不错，在当地也逐渐有了品牌影响力，但是由于在运输过程中出现了一次恶性事故，造成多人伤亡，最终关门。

其次在人才、资金、销售等方面，要采用科学细致的管理方法，特别是要关注变化，及时预警，根据具体情况进行相应的调整。企业生产经营的危机，绝大多数都是管理不力造成的，日常小问题不能得到很好解决，时间久了、积累多了，就成了大问题，大问题集中呈现出来的时候，就出现了企业的危机。平时没有做很好的防范，等危机出现了，所花的成本要多，风险也更大。一个人身体陆续出现了小的问题，咳嗽、失眠、腹痛等，不去找到症结，时间久了可能就会生大病。如果早些重视它，做系统化的诊断，也许会发现这些小症状其实是饮食结构不合理、作息时间不规律等造成的，那么对症调理、略做治疗，可能就恢复了健康。企业如同身体，要经常做做体检，发现问题及时解决，化解矛盾、疏通经络、增强体质，这样才能提高抗风险的能力。

三、 创新，化危为机的法宝

面临重大变局的时候，要把商业的攻守之道用到极致。什么是攻，什么是守？从形态描述上看，攻带有主动性，指拓展、外延、创新，比如从战略战术上迅速调整，强力进入新的行业或领域，或者导入新的商业模式、经营方式，以此来破解危局、闯出新天地。守，不是消极等待，而是主动为之的被动，是做好防御、保持战略定力、保存实力，观察和把握局势发展，伺机而动。具体选择哪一种策略，应该取决于危机发生的具体情况和企业自身的实际情况。有时候是全力进攻，有时候是以静制动，有时候是攻守兼备。

本文开篇把中小企业比喻为海上的小舟。小舟虽然孱弱，但也不是没有优点，“船小调头快”便是中小企业的最大优势。中小企业组织规模小、人员少、机制灵活，一旦危机发生，如果能够做出迅捷的、最适当的反应，生存的概率就会大大增加，甚至还有可能开辟一片意想不到的蓝海。

2003 年的“非典”给社会带来很大冲击。当时的疫情在人们心中留下了阴影，大家出于安全健康的考虑，减少了出门购物的行为，但是各种消费需求依然存在，怎么解决呢？新的商业模式大热，线上交易成为消费者的一种选择。阿里巴巴的淘宝乘势而上，京东也确立了线上战略，形成了中国电子商务最初的线上基本用户群。从体量上看，这两家公司当初也不过是中小企业，发展至今，已经成为世界级的巨头公司。这就是化危为机的经典案例。

普通人都是基于当下思考当下，而富有远见者一定是基于当下预判未来。最终能够获得成功的人，正是靠着对未来趋势的深度洞察和准确把握，在危机中发现机会，大胆创新实践，实现了从优秀走向卓越。除了需要远见，我们还需要具备更高的战略视野。如果你身在羊群当中，会看到几只羊；如果你走开一些，会看到一群羊；如果你站到山顶往下看，你会发现这里有羊群、树林和小河。中小企业遇到危机，就要学会战略升维，站得高，看得全面，也能看得更远，也许就能发现机会，甚至因此改变命运。

历史上的每一次大事件，都会对经济社会产生深远的影响。2020年的疫情打乱了人们正常的生活，同时，它也将迅速改变商业格局，催生更多的商业模式。我分析，疫情过后，有七大产业将迎来重大变化和发展机会。

（1）电子商务。

线下实体企业、实体店面加快线上布局和运营探索，电子商务将突破瓶颈迎来新的增长，传统电商的营销模式得到极大的拓展和创新，页面销售融入虚拟现实、视频、直播、社群等多要素，对电商进行重新定义。

（2）同城配送。

针对市民的即时性需求，同城配送业务将得到进一步发展，市民通过移动端小程序或App下单，很快就能收到商品，送达时间将大大缩短。预测主要品类可能以生鲜、方便食品和生活用品为主。

(3) 智能商业。

商业卖场智能化升级，自助结算、机器人服务、无人售货将受到欢迎。实体商业通过大数据分析，为消费者提供更加精准的服务。

(4) 线上办公。

具有知识型团队特点、便于实施成果考核的分散式办公，成为小微创业公司新模式。线上办公的软件开发和硬件研发将加快，系统更加完善。公司通过视频会议、线上管理、动态监测等达成管理目标，居家办公成为新亮点。同时，政府部门、事业单位将在上传下达、多部门联动等方面推进线上办公，在商事服务、民生服务等方面推动线上办理，提高政务效率。

(5) 大健康产业。

人们的生活方式会发生改变，人们更加注重健康养生，从而拉动大健康产业崛起。预测健身项目、心理咨询，房地产业中的康养项目、养老项目将受到欢迎。同时，人们将对家用小型健身设备、健身器具产生大量需求。

(6) 医疗科技。

医疗医药产业将加大投入，注重科技研发与横向合作，对于传染性强的疾病，采用远程诊断、机器人护理等科技手段降低风险、提高效率，是一种趋势。

(7) 卫生用品。

鉴于此次疫情的经历，人们的卫生防护意识将大大增强，口罩、手套、护目镜、洗手用品、居家消毒用品等，从应急购买变成日常储备和使用，需求量将大大增加。

当然，这只是我的一些预判。把这些判断呈现给读者，是希望引发大家更多的独立思考，从自己所处的行业、地域、市场格局、用户习惯等，来分析和发现更多或者更好的机会，并以企业的落地实践去深入探索和验证。

四、 复盘，从危机中学到了什么

所有的危机都会成为过去。但是如果危机过后，很快就忘掉了危机给企业带来的伤痛，那么应对危机时所付出的努力和代价都白白地浪费掉了。

作为企业管理者，拼尽全力走出危机的时候，还需要静下心来，进行一个全面的复盘。有几个问题，一定要找到明确的答案：我们在应对这次危机时做对了什么？做错了什么？从中学到了什么？我们缺少什么？

人的身体在战胜病毒侵袭的时候，会产生抗体，从而达到免疫效果，一个企业也应该如此。这次危机，对企业来说是一场历练，对团队来说是一场艰苦的考验，要从精神上、物资上、机制上做好调整，把短板补上，从而让企业产生强大的抗体。

创业途艰。唯有把所有的经历都变成一种财富，在羁绊中奋起，浴火重生，迈向未来的脚步才能更加坚定。

郑锋

知名管理营销学者，“购买七单元”营销理论创建者，山东省创业指导师，齐鲁文化之星，著有《创业者说》等多部著作。

王先亮

没有黑天鹅，只有“经营流”

内容提要 一个企业的“自由现金流”，决定企业生死。自由现金流在危机背景下会发挥更大价值，至少让企业不容易死亡，在危机下盈利则更是锦上添花了。企业想在疫情影响下获得转机，必须要有“流”的思维。

没有成功的企业，只有时代的企业；没有黑天鹅，只有“经营流”。国内疫情已基本得到控制，但海外疫情愈演愈烈，为很多企业带来了危机。2019 年 11 月，软银集团孙正义表示，评判公司价值的最佳方法是衡量公司在“稳定状态”下现金流的倍数，没有所谓的 GMV（成交总额）、营收或用户数量的倍数一说，这些都很难证明是正确的，最终还是要看自由现金流的倍数，再无别的衡量标准。一个企业的“自由现金流”，决定着企业生死。

自由现金流量，就是企业产生的、在满足了再投资需要之后剩余的现金流量，这部分现金流量是在不影响公司持续发展的前提下可分配给企业资本供应者的最大现金额，这离不开企业的战略、商业模式、盈利能力等。自由现金流在危机背景下会发挥更大价值，至少让企业不容易死亡，在危机下盈利则更是锦上添花了。丘吉尔表示，不要浪费一场好危机。危机会干掉很多对手，或许能成为你脱颖而出、跑赢市场的一个转机。所以，创业者要把危机变成你的转机。如何在危险中获得转机？必须要有"流"的思维。

一、时空流：做时代的企业

时即时间，空即空间，企业应该具备为消费者界定时空的意识。

"第三空间"概念来源于哲学家列菲弗尔，他认为人生在世恰如蜘蛛结网，网是一个复杂、流动的创造性空间。美国社会学家欧登伯格称家庭居住空间为第一空间，职场为第二空间，而城市的酒吧、咖啡店、博物馆、图书馆、公园等公共空间为第三空间。星巴克就运用了"第三空间"的概念——处于第一空间（家庭）与第二空间（办公场所）之间的用于放松心情、商务谈判、洽谈约会的安全舒适空间。

王老吉是运用场景的高手，加班熬夜、吃火锅、季节交替等场景下容易上火，"怕上火喝王老吉"这句广告词提醒消费者在这样的场景中喝王老吉。

疫情期间，绝大多数人都待在家里，家庭消费场景就需要做足。比如餐饮外卖、日用品及蔬菜配送、无人机配送、线上教育、线上直播、线上私教、线上会议、线上心理咨询、家庭办公、VR（虚拟现实）/AR（增强现实）场景体验等。疫情缓解之后，美丽乡村、健康酒店、旅游养生基地、体育场馆、健康会所等应该借机大做文章，给大家提供健康服务。

据了解，2020 年全聚德一季度亏损 8000 多万元，而 2019 年同期盈利只有 1000 多万元。除了受疫情影响、店面投资数额大之外，消费场景变化也是其亏损的一大因素，之前全聚德面向宴会、商务群体等，价格偏高，现在主要面向旅行团等餐标比较低的消费群体，频次降低、客单价降低。同时，喜欢有趣事物、好玩的新生代主流消费群体感觉全聚德产品老化，不能满足自身需求。

除场景之外，时间也是重要的考虑因素。每到晚上 7 点，上海大部分独立咖啡店已关门，但推出深夜鸡尾酒系列饮品的皮爷咖啡晚上 9 点半仍然座无虚席，因为很多人晚上喝咖啡怕睡不好，但是喜欢喝酒。2019 年 4 月 25 日，中国首家星巴克酒吧在上海外滩源开业，这其实是抢占人们的时间，符合人的习惯与需求。

此一时，彼一时也。正如海尔集团董事局主席、首席执行官张瑞敏所言：没有成功的企业，只有时代的企业。意思是企业必须找准时代的机遇与节拍，绝不因骄傲或守旧等停下脚步，柯达、诺基亚、摩托罗拉、爱立信等都是例子。

二、 危机流：春江水暖鸭先知

一个人、一个企业，都不可能一帆风顺，会面临挫折、困难、突发险情；而正因为这些，我们才更加成熟、有担当、有能力，我们才能居安思危。

一个企业如果想长期生存与可持续发展，必须有强烈的危机意识。

华为在2000财年以销售额220亿元、利润29亿元位居全国电子百强首位。不久任正非发表了年终讲话稿《华为的冬天》，他表示，泰坦尼克号也是在一片欢呼声中出的海，面对这样的未来，我们怎样来处理，我们是不是思考过。十年来自己天天思考的都是失败，对成功视而不见，也没有什么荣誉感、自豪感，有的是危机感。失败这一天是一定会到来的，大家要准备迎接，这是自己从未动摇的看法，这是历史规律。

只有具有危机意识，才有可能在平时做好准备，当危机来临时，才可以有条不紊应对。华为能够从容应对美国的制裁，华为海思默默研发芯片，一夜之间转正，这就是有危机意识并付诸行动的表现。

以这次疫情为例，有先见之明的企业反而能逆势上扬。林清轩的主要销售渠道是全国337家线下门店，在春节期间关闭了100多家，整体业绩下跌90%，公司面临倒闭风险。林清轩快速调整，全员拥抱数字化，做ALL IN直播和小视频，疫情严重期间，店均业绩竟同比去年增长22%。“情人节”当天，品牌创始人孙来春，天猫直播首秀不到2小时就获得近40万元销售额；李佳琦直播山茶花润肤油创下7秒7万瓶的销售纪录；薇娅直播林清轩山茶花修复滋养眼部精华，5秒被抢购1万支。

什么是企业创始人？就是能制定战略、能挖到人才、能找到钱，并且能带领大家在危险中迅速找到机遇的人。无论企业做到多大，作为创始人或一把手，都要如鸭子一样在水里游，了解市场实情。企业高层，必须懂市场、懂消费者，才能在暴风雨来临时，及时调整风向，积极做出战略部署。

三、 现金流：立体思考 主动出击

1997 年，亚马逊历史上第一封致股东信里，贝佐斯就曾表示：如果非要让我们在公司财务报表的美观和自由现金流之间选择的话，我们认为公司最核心的关注点应该是自由现金流。资金流动让经济社会焕发生机。

在疫情面前，有的企业不到正月初十就宣布倒闭破产。有人很奇怪，难道这些企业都撑不过 10 天吗？这说明企业在疫情前就危机重重了，疫情成为压倒企业的最后一根稻草。

这其实是很多中小企业的现状，有产品卖不掉，卖掉了收不回钱，收回钱了不知道如何打理；成本永远在上升，但业绩没有相应增长，企业不断透支失血，焉有不倒的道理？

诚然，有强大现金流的企业不容易倒，但也要注意如何管理现金流。根据美国银行的一项研究，82% 的公司经营失败可以归因于现金流管理不当。现金流有以下几个去处。一是当备用金，这些可以说是雷打不动的救命的钱，不能被暂时的诱惑所左右而随意支配。因为遇到疫情危机时，我们会突然发现，我们身边许多人都遇到了资金困难，这个时候想去寻找援助，几乎是不可能的。二是在金融机构存储或购买基金等，这样可以产生利息等收益。三是作为风险资本去对外投资，但此选择风险太大，应谨慎对待。四是扩大生产，购买设备、原材料、产品等。五是购买不动产，也需要谨慎。在这里要注意，应收账款不能算到现金流中，至少它不属于自由现金流。

古人云，流水不腐。可以说，如何让现金真正流转起来，是一门很深奥的学问。如果资金流在某一个环节出了问题，可能会造成满盘皆输。这就要求我们捋顺资金链条，看哪些环节容易出问题，并且对标国际国内一流企业，学习其办法。

国外疫情严重，对传统电商是利好，跨境电商因为一些地域原因遇到危机。执御2019年刚完成了6500万美元的C+轮融资，但2020年遭遇了拖欠供应商货款的危机，不得不写公开信表示一些非生活必需品销量的下滑造成了平台运营困难。在很多情况下，除了产品挤压之外，一些不可抗力因素等，都可能影响公司的现金流。而在短期内下调成本也不容易实现，除非大面积裁员或放无薪假，这又可能影响后续公司的发展和公司品牌形象。

当然，除了内部造血外，还要积极寻求外部输血，包括找风投机构、招募合伙人、内部融资、与银行谈判等。这些都不容易，如果想得到输血，从现在看来需要企业强大的盈利能力来支撑，让投资人看到企业是能赚钱的，模式走得通，竞争有优势，只是暂时需要钱来推动。

如果能够让银行看到企业的实力，可能会得到利息非常低的贷款，银行的风控部门会审核行业及相关行业特征、股东和经营者相关信息、生产经营情况、财务数据分析、企业的社会信誉、法律相关要件等。风投公司看重市场前景、商业模式与盈利模式、独特竞争力、竞品融资情况、团队、创始人信誉等，获得风投也是可遇而不可求的。

此外就是内部融资，融资的同时融智、技、心等，让大家贡献工作之外的东西，同时给大家股份，以及归属感和尊重。大家的“心”在这里，他们的钱、智慧、技术都会源源不断地流到这里。有的企业在给大家发了数额巨大的奖金后，又会邀请一部分人把钱再投进来，个人股份进一步增长。而这些人在这里付出越多，越不愿意离开，企业就像自己的孩子一样，养大了谁愿意舍弃呢?！如果有人想把想法变为现实，企业可以帮其成立一个项目组或子公司，几个人一起打造企业内部的孵化项目，既当老板，又能与公司命运共同。海尔集团在内部就有很多个小微体，极大提升了员工的积极性、创造性，不失为一种可以尝试的办法。

四、人才流：心在哪里未来就在哪里

人往高处走，水往低处流。这个高包含几个因素，公司强大、薪水高、环境好、空间大、文化好、高管优秀，等等，不一而足。重要的是，如果要靠很好的条件才能吸引人才，中小企业是很难做好的。

在疫情期间，员工的心容易不稳，这个时候稳定军心是最重要的。面对疫情，一个企业老板首先想的是企业能否正常运营还是员工的情况？自己的企业倒了，还可以再次创业；企业亏了，有人在就行。所以，在危难之际，我们更要注重大家的身心健康，有人就有一切。同时，老板要换位思考，因为每个员工的背后都有一个家庭，他们要吃饭，要还贷款，等等，虽然不至于遇到生存威胁，但一定会存在巨大负担。这个时候，企业家应该怎么办？

每个企业有多大家底，一把手更清楚。所以企业一把手要坦诚，先跟高管统一思想，然后跟团队沟通、商量。既要照顾企业死活，也要充分尊重大家，考虑到大家的生活。在疫情期间，首先明确大家的工作内容与工资，如果要减少工资，最好提前说，不能“马后炮”。员工是企业的第一客户，对待这些客户更要尊重坦诚。如果企业资金确实有问题，可以先发一部分工资，其余部分效益好之后再补发。不提倡随意降低工资，让大家慌起来。

可以开会，让大家出主意，然后去实施，为疫情之后积蓄势能。最好的团队是闲的时候忙，忙的时候闲。越是有危机的时候，越要努力调动大家的积极性。可以做线上客户回访与服务，打磨产品，引入阿米巴经营管理模式，将降低成本、创新、业绩、态度等综合考量，如动车一样让每一个员工变成火车头，让公司变得更加有活力。

灾难是试金石，企业家可以看出，在灾难的时候，谁跟公司一条心，谁能率先体会到老板与公司的难处，谁一心为公司积极努力摆脱困境，谁能对公司不离不弃。这样的人，企业家更要珍惜。

让人才流真正发挥作用的一个重要手段是股权制度。

阿里巴巴很小的时候，十八罗汉共同投资，逐步做大，现在几乎都有亿万身家。很多人看到大型企业的高管很荣耀，其实很多人从企业较小的时候就已经入职，一直跟随企业发展壮大，自己也逐步成长、成熟，如海尔、海信、美的、格力、星牌等的元老。没有稳定的四梁八柱，企业大厦就不可能稳定，也不能可持续发展。

其实，影响人才流的主要因素有一把手及企业人力资源体系。一把手整天在忙什么，决定了企业的大局。所以企业家对自身时间、精力、资源等的管理，是一个严肃的课题。

五、 品牌流：站在顶端拥抱消费者

商业之间的竞争，很重要的因素是品牌之间的竞争。例如美国的强大，离不开微软、英特尔、苹果、迪士尼、沃尔玛等。经济越发达，品牌越能成为人们选择购买的最终理由，品牌超越物质，透露你的社会地位、性格特征、情感趋向等。《流量池》一书提出，品牌才是新时代下最稳定的流量池。

什么是品牌（Brand）？“Brand”一词为烧灼、烙印，是人们在牲口上烙的标志，用来标记自己的财产所有权，从而与他人的同类物品区别开。品牌有形象派、符号派、资产派、价值派、认知定位派等理论，这些都代表了企业打造品牌的不同出发点。

为什么欧美国家的企业拼命打造品牌和进行研发，因为这个是整个产业链的顶端，可以做到利润最大化。近年来，中国在品牌、研发方面都有了巨大突破。全球产业转移，从欧美到日韩再到中国，东南亚国家劳动力优势、产业链优势逐步显现，我们将在不久的将来站在产业链的上游“微笑”，这就是产业竞争的本质。产业微笑曲线如图 1 所示。

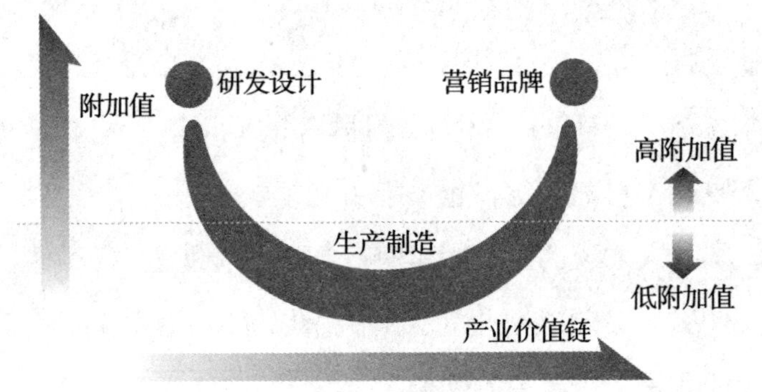

图 1　产业微笑曲线

品牌有知名度、美誉度、忠诚度等。在传统媒体时代，电视媒体一家独大，品牌建设更多依靠的是知名度。有知名度可能会提高认知度，但不一定成就大品牌，其产品质量、企业信誉、企业家形象等，都会影响品牌美誉度。如果人们受知名度影响第一次购买了产品，体验不够好或者产品没让人“尖叫”，都可能影响下次购买，更无法谈忠诚度。

所以，无论是大型企业还是中小型企业，其品牌的“大”与“小”，知名度并不是第一要素。路遥知马力，日久见人心，如果中小企业不忘初心，用心为顾客提供优质的产品与服务，一定能赢得越来越多消费者的青睐与忠诚。

实际上，一个品牌是否强大，决定权并非在传播，而是在行为。许昌的胖东来，虽然是一个四线城市起家的商业零售企业，但在消费者心目中的口碑不可替代。胖东来于东来表示，如果企业不追求大，而追求精，是一件很快乐而且有意义的事情。疫情期间，在中国线下零售行业远远称不上巨头的胖东来，不但捐款5000万元，而且蔬菜按照进价销售。相反，许多大型超市集团却因为哄抬物价被罚款。

品牌建设是一项长期的系统工程，涉及企业的方方面面，包括战略、产品、形象、传播、团队等，消费者从信任到信赖再到形成信仰，这需要所有员工的共同努力。中小企业应在做大过程中努力做强做精，这样做大才更加持久和有意义，否则就是“虚胖”。

我们看到消费者的需求千差万别，但是消费心理很相似，这就是中小企业品牌制胜的关键。一个企业要确立自己的品牌核心价值，并且从一把手到一线员工一以贯之，百年老店绝对不是企业自己就能建设起来的，它更依靠消费者的力量。企业唯有代表用户的利益，与用户成为利益共同体、价值共同体、命运共同体，才有可能成就未来之路。

六、节约流：是态度也是一项系统工程

勤俭节约是中华民族的传统美德，即使再富有，也不能有无谓的浪费，包括水、电、油、气、办公用品，等等。其实节约不单省的是财

富，更代表一种态度。

无论企业经营规模多大，要想取得更多的利润，有效节约每一分钱，实行低成本原则仍然是非常必要的。“世界船王”包玉刚认为：在经营中，每节约一分钱，就会使利润增加一分，节约与利润是成正比的。

但是，所有的成本节约都要在“有效战略成本管理”的前提之下开展，并非成本越少越好，必须有利于实现战略目标、提升核心竞争力、创造更大价值。成本控制要从宏观处把握，从微观处着手，使成本处在在合理范围，不能一味追求低成本，牺牲产品质量、服务效果、便利性等，不能犯本末倒置的错误。

成本节约具体有以下四个步骤。首先是打造成本节约文化，每个人都树立牢固的成本节约意识，每一分钱都用在刀刃上，集腋成裘，也会积累大量利润。其次是价值链分析，成本节约涉及企业经营的各个环节，包括规划、研发、设计、采购、生产、宣传、销售等，涉及企业的各个部门，而非仅财务部。企业通过产业结构调整、减少废品率、库存优化、技术进步、组织优化、资源重组等，对人财物进行合理配置，降低成本。同时与企业价值链相关的上游供应商与下游客户建立战略合作关系，如美的公司通过发展战略采购供应商合作伙伴，合理控制库存来提高利润空间。库存周转率提高一次，可以直接为美的节省超过2000万元的费用。再次是找标杆、建标准。在内部寻找企业成本管理绩效最优的团队或个人，总结其经验和做法，提升成本管理水平。总结标杆企业在成本管理方面先进经验，通过“鱼骨图”形式进行详细说明并落实。以标杆为参考，逐步建立成本节约标准，大家可复制、可落实。最后是精细化管理，企业要改变粗放经营方式，通过流程优化和再造，使横向、纵向管理职责更加明确，流程更加清晰、简洁、合理，关键环节有效跟踪与监控，成本节约触角延伸到整个过程。如通过招投标方式充分发挥供应商之间博弈机制，选择恰当的供应商。

疫情给了企业一次非常好的反省和调整机会，企业需要对“家底”有数，盘点工厂库存、经销商及各门店库存，盘点应收账款、账上现金流等，梳理漏洞、自我减负，走出经营困局。

七、 用户流：用户是真正的“领导”

很多线下企业要积极开拓线上用户。其实用户并不分线上、线下，只不过开发渠道与模式变了。一个企业除了主业之外，还要懂人的各种需求，根据需求联合其他企业一起满足消费者，自己也有更多收入来源，这样才能真正在风雨中不断成长。不同层次的需求如图 2 所示。

自我实现的需求
追求自我成就的潜力
完美的需求：匀称、整齐、美丽
求知的需求：好奇心、了解、探索
尊重的需求 自尊：自尊心、自豪感、自主性
他尊：权力、威望、荣誉、地位等
社交的需求 归属需求：团体、交往、友谊等
爱的需求：爱情、关怀、被接受等
安全的需求：保证、稳定、依赖、保护、秩序、法律等
生理的需求：呼吸、饮食、衣着、居住、休息、医疗等

图 2　不同层次的需求

传统的线下渠道更可能局限于某条街、某个镇、某个地区或某个城市，很难有强大的流量到来，而线上流量从理论上讲是无限的。任何一个人都有可能通过线上找到你，经过简单对比甚至冲动消费，就购买了你的产品。这个流量从前属于淘宝、天猫、京东、苏宁、唯品会等，现在则被拼多多、抖音、快手等分了几杯羹，很多人通过这些渠道进行个人及机构的创业，通过内容、互动、广告等聚集“粉丝”，通过直播等带货，让人们在互动中产生购买欲。

传统的电商除了图文外，至多有视频、客服，没有零距离感觉，没有直播让人信任。2020年因为疫情影响，主播与“粉丝”都出不了门，主播开播率比以往高很多，很多人刷抖音、快手打发时间，进入直播的观看人数和整体打赏都有提高。但这不意味着主播带货更加随意，主播反而要更加谨慎，否则永远是昙花一现的赚钱工具，打造不了个人品牌IP，随着新进者越来越多，用户的注意力越来越分散，只有知名度而缺乏信任感的主播很难持续发展。

直播的基础还是产品的质量及服务效果，选择货真价实的产品、自己熟悉的领域的产品，才能不断让个人品牌保值增值。品牌绝对不是宣传或直播出来的，而是做出来的。

从理论上讲，全世界所有的人都应该是你的用户，但这是不可能的。他们有的没有需求，有的已经购买，有的不认识你、不了解你，有的不认可你，有的用了一次之后就放弃了，而这正是用户流的魅力。用户流让我们知道，用户是可以流动的，可能从大海里、大江里、大河里，流到了我们的鱼塘里，如果其需求得到满足，有可能会留下来。而如果用户综合比较了品牌、产品、服务、口碑、便利性、价格等因素后，能够长期使用你的产品，可能会在小红书等平台分享，这种传播如涟漪一般，让你的产品及品牌进入更多人的眼帘。让人感觉到真实、客观的分享，可能会吸引更多人来体验。

所以，产品与服务能否做好的核心是价值观。一个企业的核心价值观，串起了无数人的心，包括企业家、员工、供应商、客户，等等。腾讯的价值观叫科技向善，这不仅是一种使命与愿景，也是腾讯给用户和社会的一份责任与承诺。

同时，企业要服务好老客户，增强互动与交流，建立客户委员会，从渠道、门店经营过渡到用户经营，提升企业运营效率。海尔把用户需求放在第一位，传统家电时代主要体现在质量第一、真诚到永远等方面，推出自主班组、战略事业单位等机制；物联网时代，顾客需求个性化、动态化。海尔从顾客思维向用户思维转变，与用户不断交互，把用户作为真正的“领导”，围绕用户需求变化，创造终身价值。

八、 产业链流：打赢链条与生态的战争

未来的竞争不是企业与企业之间的竞争，而是产业链与产业链之间的竞争。国外疫情非常严峻，欧美等发达国家看似医疗体系发达，但是相应的防护装备却捉襟见肘，个别国家甚至冒着破坏两国关系的风险进行“截胡”。

各个国家的政府都要求本国企业加速生产，但问题是产业链不够全，缺乏原材料，无法落实政府要求。美国政府软磨硬泡让印度解除药物出口禁令，但印度药厂制造的药的原材料又需要中国厂家提供。美国政府封杀华为，正是用的切断供应链和市场链的方法，然而全球的产业链早已是“你中有我，我中有你”，很难切断。企业必须对一个产业有

深刻的了解和认知，全面排查国内外供应链，准备多个选择，如果一条产业链出现问题，可以随时更换，不至于陷入巨大的被动中。

同时，产业链在一定程度上决定了企业产品的质量、性能等，在选择时需要兼顾供应商的产品质量、成本、物流、服务等，做到“深淘滩，低作堰”：“深淘滩”就是确保持续投入资金、资源提升核心竞争力，降低成本，为客户提供更有价值的服务，“低作堰”就是多让利给客户，善待上游供应商、下游渠道商，不因短期目标而损害长远目标，合作共赢。

遇到危险的时候，企业必须更加注重产品质量，让产品成为流动的品牌风景线。另外，在销售产品后，企业需要提前预想到顾客会遇到什么问题，有什么疑问等，主动提供服务，让顾客安心、放心。“产业链＋产品＋服务”，一起构成了企业给顾客的整体解决方案。

企业投资也要注意生态，这个生态包括消费环境、产业政策、稳定性等。在此次疫情中，中国为世界的跨国企业提供了良好的生态，推动了它们扎根中国的决心。

2020年一季度上海利用外资逆势上扬，实到外资同比增长4.5%，其中3月同比增长20.8%。上海市商务委员会副主任杨朝表示，无论是一个个投资意向的成功签约，还是跨国公司纷纷在上海集聚全球资源、设置总部机构，都充分表明了外资企业继续看好中国、看好上海的决心和信心。

九、 模式流：选择正确的梯子

企业发展模式非常重要，比如戴尔选择定制、苹果选择代工、联想大肆并购、麦当劳走特许加盟、海尔走全球化、海信利用体育迈向国际、西贝选择直营等。

在疫情期间，西贝首先代表一些直营企业叫苦，为什么呢？因为直营企业要负担房租、人工、材料等所有成本，如果收入大幅减少，企业将面临灭顶之灾。而特许经营就避免了这些，由受许人承担各种成本，虽然在短期内交给总部的费用会减少，但不至于让总部面临巨大风险。特许经营也突破了产业的限制，涵盖多个产业，包括单资源许可、组合资源许可、全部资源许可，包括品牌、产品、设计、装修、服务、知识产权、员工，等等。

从疫情带给人的教训来看，连锁企业应尽量少做直营，采取轻资产模式，主要做品牌、研发、营销等，受许人本身也是创业者，执行会更到位。当然，企业都想当盟主，让别人来加盟自己，必须有独特的竞争力。2020 年 4 月快播商标进行拍卖，评估价 4. 51 万元，历经四百多次出价后，最终成交价高达 950 万元。经过此次危机洗礼，未来特许加盟行业必然会迎来更大发展。

十、 信息流：信息时代没有相同起跑线

在信息时代，每天的信息量非常庞大，看似已经做到了信息平等，实则不然。企业要有专门的人去收集信息，包括政策、本行业及其他行业、竞争对手、消费者、企业经营信息等，学习别人的成功之处，尽量避免别人犯过的错误。因为企业根本没有时间、精力、金钱再去一一经历一遍。

很多企业家善于学习，并且善于看新闻，特别是《新闻联播》

等，也爱出席行业盛会，加入某些圈子，这些都能无形中让企业家收获信息。企业将这些信息汇总，进行整理、分析，可能会发现很多商机、解决企业发展问题的方案。如果养成这样的习惯，将时间延长到十年，我们甚至可能总结出时代的规律。时代虽然在变化，但依然有很多规律可循，能从过去和现代推演未来，辅以大数据，企业的发展将如虎添翼。

除此之外，必须了解相关的外部机构，包括咨询、品牌、营销、市场调研、上市辅导、投资机构等。这些机构中的人掌握的信息，很多经过了实战验证，要更加重视。很多大企业都储备了大量的外部机构库，随时可以借用其资源、团队等。中小企业如果没有实力，就通过相对低成本的方式先介入，逐步渗透，或者直接收集信息学习。

十一、 盈利流：永远不盈利就是“耍流氓”

如果企业永远不谈盈利、不能盈利，就是“耍流氓”。

虽然亚马逊、京东等企业都融资，也有很高的估值，但是投资人心里明白，他们的最终目的是自己投资的企业能赚钱，或者能在上市之后赚到钱。企业上市之后如果持续不盈利，如何给股东及广大股民分红呢？天下熙熙，皆为利来；天下攘攘，皆为利往。企业从小到大的过程，是营利的过程，而从大到强和久，就需要盈利。企业如果单靠融资与估值获得现金流，不能称为拥有真正的自由现金流，那只是账面上的数字而已。

2019 年《财富》世界 500 强排行榜显示，中国企业上榜数量首次超过美国，达到 129 家，平均利润 35 亿美元，低于世界 500 强平均利润的43亿美元。从世界500强到主板上市公司，再到中小企业，都认为盈利很难，这是一个现实问题。但盈利是企业经营的核心，唯有系统运作，才能拨云见日，从容拥抱危机。

没有黑天鹅，只有“经营流”。

王先亮

泓德教育首席盈利官，连锁企业品牌营销专家，曾推出五行店面营销、习惯营销、盈利流理论，专注研究企业家声誉管理、品牌营销等。在喜马拉雅、博锐管理在线等平台上开设了专栏。曾为中国乃至世界各领域数一数二的品牌服务，包括海尔、海信、TCL、伊利、中国移动、露露、雀巢、宝洁等。

第三篇

风雨彩虹

张慧子

数字品牌助力中小微企业走出公共危机

——以教育培训类企业为例

内容提要 中小微企业克服了财务困难之后，如何在众多竞争对手中脱颖而出？关键在于如何面对买方市场的挑选。疫情从一定程度上改变人们的生活方式和消费习惯，本文从传播学的角度入手分析数字媒体时代如何塑造品牌形象，讲好品牌故事，帮助中小微企业走出困境。以教育培训类中小微企业为例，讲述线下教学转为线上互动之后，会带来哪些具体问题，企业如何从社会情感教育层面去与学生、家长沟通，如何关怀授课教师和听课学生，如何让家长继续保持品牌忠诚度和教育消费的选择。

在发现澳大利亚黑天鹅之前，所有欧洲人都确信天鹅全是白色的。这说明我们通过观察或经验获得的知识具有严重的局限性和脆弱性。黑天鹅事件具有三个特点：意外性（稀有性）、极大的冲击性（影响）、事后（非事前）的可预测性。

《黑天鹅：如何应对不可预知的未来》一书的作者纳西姆·塔勒布指出：自由市场之所以能够运转，是因为它允许人们走好运，不论他们是拼命努力还是犯错，而非对技能予以奖励或“激励”。对于企业组织和个体而言，正确的策略应该是尽可能多尝试和尽可能把握黑天鹅的机会。当然，将一切事物的发展都归结为运气有失偏颇。我们在这次疫情中看到的是党中央强有力的领导和指挥，看到的是社会主义制度的优越性，更看到了灾难面前无数医护人员、解放军、志愿者、基层工作者勇挑重担奋战在抗击疫情的第一线，还有中华儿女万众一心、众志成城战胜疫情的决心、行动和勇气。在成功全面控制了疫情之后，我们需要考虑复工复产，只有企业更好生存，市场正常运转，普通老百姓才能拥有稳定的就业保障和经济来源。面对国际公共卫生紧急事件的冲击，面对如此不确定的、影响巨大的危机，中小微企业首先要解决财务危机。克服资金困难之后，如何在众多竞争对手中脱颖而出？关键在于如何面对买方市场的挑选。

2020 年的疫情从一定程度上改变了人们的生活方式和消费习惯，本文以教育培训类企业为例，从传播学的角度解读媒体环境变化所带来的营销格局转变，在此背景下中小微企业如何塑造品牌形象、讲好品牌故事、走出营销困境。

一、从 SWOT（优势、劣势、机会、威胁）角度分析公共危机中的教育培训类企业

1. 教育培训类企业生存发展的优势（S，Strengths）

第一，我国具有庞大的人口基数和渴望受教育的群体，不管是 K12

（学前教育至高中教育）教育、胎教婴幼儿早教还是出国留学培训、公务员考试培训和各种执业资格考前培训，都有巨大的客户群体等待着被培训机构影响和吸收。以 K12 教育为例，家长对孩子教育的重视程度逐年加强，家庭对校外教育支出的意愿增强，整个社会的消费心理强烈依赖校外教育。尤其是北京、上海、深圳一线城市，家长更加重视和依赖校外培训机构。以家庭为单位对孩子的教育投资逐年增长，与家长本身的学历层次、家庭可支配收入、家长受教育程度及自身教育理念密切相关。目前中小学生家长多为“70 后”“80 后”，他们中的多数受过高等教育，或者自己尚未接受高等教育但内心渴望接受高等教育，内心充满着对“教育资源”的“膜拜”和“憧憬”，2012 年儿童消费支出中，教育支出位居第三，紧随食品消费和服装消费，巨大的家庭消费群体和客户群储备刺激了校外培训机构的发展。与此同时，调查显示 2019 年 0～14 岁儿童占国内总人口数的 17.8%，也预示着教育培训行业的发展前景广阔。

2018 年 2 月《教育部办公厅等四部门关于切实减轻中小学生课外负担开展校外培训机构专项治理行动的通知》发布，明确治理任务和整改要求，通过开展排查摸底、全面整改、督促检查，加快解决中小学生过重课外负担问题。2018 年 8 月《国务院办公厅关于规范校外培训机构发展的意见》明确校外培训机构设置标准，依法审批登记，规范培训行为，强化监督管理，为校外培训机构发展和治理提供政策依据。政府部门三令五申强调校外培训机构的正规化经营管理，正是由于家长们对校外培训需求旺盛的客观表现。

第二，我国的宏观政策鼓励在线教育的发展，2019 年 9 月，《教育部等十一部门关于促进在线教育健康发展的指导意见》（以下简称

《指导意见》）指出，在线教育是教育服务的重要组成部分，发展在线教育要以习近平新时代中国特色社会主义思想为指导，全面贯彻党的教育方针，落实立德树人根本任务，创新教育组织形态，丰富现代学习方式，加快建设学习型社会。可见在疫情发生之前，国家从宏观视角已经充分认识到现代科技社会在线教育的重要性和需求的迫切性。疫情让全世界的线下教育停摆，转向适应线上教育。《指导意见》明确，到2020年，大幅提升在线教育的基础设施建设水平，互联网、大数据、人工智能等现代信息技术在教育领域的应用更加广泛，资源和服务更加丰富，在线教育模式更加完善。到2022年，现代信息技术与教育实现深度融合，在线教育质量不断提升，资源和服务标准体系全面建立，学习型社会建设取得重要进展。这预示着对在线教育硬件和软件的大量需求。

与此同时，《指导意见》提出，要扩大优质资源供给。一是鼓励社会力量举办在线教育机构，支持互联网企业与在线教育机构充分挖掘新兴教育需求。二是鼓励学校加大在线教育资源研发和共享力度，推动线上线下教育融通，扩大教学资源的辐射面。三是实施“教育大资源共享计划”，建设一批高质量在线教育课程，培育优质在线教育资源。四是鼓励职业院校、普通高校、科研院所、企业等密切合作，推进产学研用一体化发展。五是鼓励职业院校、普通高校结合社会需要和办学特色，加强相关专业建设，加强在线教育人才培养。由此可见，从国家政策指导行业发展的角度来看，在线教育是未来需要大量引入社会力量和企业资源参与建设和发展的领域。

第三，经历了资本的洗牌和技术的普及试水之后，在线教育已经有了相当一部分的消费者认知度和接受度。2013年，互联网巨头BAT

（百度、阿里巴巴、腾讯）和网易等相继布局 K12 在线教育市场，之后五年的时间资本市场持续看好在线教育，期待着在 2019 年能实现市场大爆发，等来的却是各种裁员、停摆、破产、跑路的新闻。如知名英语培训机构韦博英语因欠款关闭。数据显示，2019 年的线上教育机构只有 5% 是盈利的，消费市场对线上教育的认可度远不及线下面授的互动认知，但是 2020 年全球范围内的疫情，让所有的学习者都不得不接受并习惯在线教育。

2. 教育培训类企业面对疫情的劣势（W，Weaknesses）

第一，优秀的师资紧缺。教育培训类企业最核心的竞争资源是“授课者”——优秀的师资力量。与其他产品不同之处在于，教育互动存在于个体与个体之间，很难有统一的标准去衡量一个老师是否适合所有的学生。传统的培训机构很多精英教师是体制内中小学老师，但是随着教育部门三令五申禁止在职中小学教师参加校外辅导机构、自己开设辅导班补课，越来越多的培训机构开始专注于自身的人才库建设，从应届大学毕业生中选拔优秀的人才充实到队伍中。已经拥有口碑和品牌认知度的大企业容易吸引到名校的优质人才，家长在给孩子报辅导班的时候也会对授课老师的简历更为关注。但是一些中小型初创型、培训机构很难吸引到名校人才，除非创始人本身毕业于名校，以自己为核心拓展资源，进行服务宣传；大多数情况下中小型培训机构只能从相对简单的英语培训入手，因为准入门槛低，且不需要对培训效果进行考察，家长们对于 3 ~ 7 岁的孩子要求也是能实现简单听与说即可，听仅限于英语动画片，说仅限于用英语做游戏的口令，这些都是非常容易实现的目标。如果家长本身大学毕业，自己组织孩子们做游戏，多练习几次英语口令一样可以实现，但是一般家长不具备把其他家庭的孩子组织在一起的能力和精力，尤其是缺乏充足的教学空间。

第二，缺乏明显的效果考评体系。尤其是 K12 在线教育，许多培训的科目很难有一个明确的成绩提升。调查中不少家长反馈：之所以给孩子选择课外辅导班，只是因为同班同学、同龄人都在报各种辅导班，如果自己家的孩子不上课外辅导班，似乎就降低了竞争力，家长也就“不称职”。这就是典型的“剧场效应”。在一个剧院里看戏，本来大家坐着看戏都可以看清楚，但是这个时候有一个观众站起来看，并且坚信站起来看更清楚，号召三五成群的观众都站起来看戏，如果你依然在位置上坐着，确实会有其他观众影响到你的视线，并且旁边的人都会问你：“为什么你还坐着?”这个案例具体到校外培训就是“为什么你不给孩子报辅导班”。除了极个别的教育培训机构保证给孩子提高具体的分数、考取具体的升学单位，大多数的培训机构还是超前授课或者主场“快乐教育”。这种方式给很多没有时间陪孩子的家长良好的心理感受，但是教育专家指出：“如果你把孩子都交给了辅导班，那么你有多少时间与自己的孩子相处呢?”这是一个悖论，并不是所有的家长都可以听懂奥数超常班的课程，也不是所有家长都有时间和精力陪孩子上各种辅导班。基于此，家长对辅导班并没有严格的考评标准，尤其是英语培训，大学毕业生甚至高中毕业生就可以给幼儿园或者小学低年级学生培训。

第三，市场中的机构良莠不齐，有些机构盲目追逐资本运作和扩张，违背教育规律，与学员签订“考试不过退款”的协议，以此收取高额学费。短期内，虽然有部分企业在资本层面获益，但是荒废了本业，带来恶性循环。2019 年 10 月，韦博英语被曝出北京六个校区拖欠员工工资，公司将宣布破产的消息，随后，韦博英语出现了全国关店潮，上海总部人去楼空。天眼查数据显示，2020 年4 月1 日，上海韦博教育培训有限公司被列为被执行人。调查显示，韦博英语与韦博开心豆少儿英语、韦博嗨英语，共同构成了韦博教育旗下的三大教育品牌。鉴于校外培训机构疯狂发展，良莠不齐，出现部分“高烧不退”的现象：培训机构虚假宣传、恶性竞争、卷款潜逃情况时有发生；超前超纲教学问题突出，小规模培训机构数量多、品质参差不齐；市场准入门槛低，违规办学问题突出；培训课程同质化严重。周卿等人在《中小学校外培训机构的现状分析》中列举中小学培训机构存在规模小、实力参差不齐、缺乏特色和精品课程、教师专业化和职业化不高的情况，过于追求盈利、教学内容超前拔高问题突出，虚假广告和欺骗行为居多。

3. 教育培训类企业在疫情中发展的机遇（O，Opportunities）

疫情关闭了学校，复工已在路上，关于学校何时开学，各地还在根据具体防控现状进行探索。“停课不停学”政策以及家长们的关切，强行把处于沉降期的在线教育再次拉了上来。除新东方、好未来、网易有道、跟谁学、51Talk、VIPKID 等提供免费课程或向学校输出技术服务外，有基础设施服务能力的互联网巨头也纷纷加入，成为平台服务商，如支付宝推出钉钉在线课堂、腾讯推出“腾讯课堂”“腾讯会议”，百度宣布免费提供价值一亿元的儿童教育课程，等等。这些平台和培训机构，一方面希望强有力吸收潜在消费者，通过免费流量将其转化为黏性消费者，另一方面渴望通过在危机中承担社会责任，进一步获得良好的社会口碑和消费者认可。

虽然说教育培训类企业在疫情期间出现了大量的股票涨停，但是具体到培训的种类和对象，机会并不是平均分布的。

第一，需要针对培训的类别进行细分。英语培训市场，虽然知名培训机构早就布局了线上口语课程和小班教学，但是传统意义上家长还是更认可线下面授班，从各大培训机构公开的年报收入比例就可以看出。但是大品牌是否可以通过线上课程的及时转换避免退费，进一步补贴线下房租，这一点不得而知。对于更多只能通过线下培训的类别，这场疫情无异于雪上加霜，如钢琴、跆拳道、美术、形体，等等。对于大多数家长而言，课程体验初衷只是希望孩子锻炼身体，培养兴趣爱好而非一技之长。家里活动空间有限，兴趣爱好的空间载体有限，再加上这些科目的指导对老师本身要求很高，需要一段时间的自我调适，在这个过程中，大多数培训机构需要通过免费的方式来让学员尝试、体验、进一步产生好感和依赖。

第二，需要对学生的需求进行细分。同样是钢琴培训机构，老师在疫情之中应该明确区分考级需求用户和兴趣养成型用户，这两种用户对于在线授课的态度会有极大的差别。针对前者，可以采取课堂授课采分点方式予以训练，严格按照考试曲目来训练；但是兴趣养成型用户本来接触音乐就是为了放松身心陶冶情操，如果疫情当中再把钢琴课当成网课负担，这会带来人为的负面情绪。基于此，针对此类用户应该采取展示型教学，通过抖音、快手、B 站（哔哩哔哩）、新浪微博、微信公众号等自媒体平台给予学员充分的表现空间，让家长转发到家庭亲友圈获得情感支持和心理满足。家长对于孩子教育费用的投资，根据家庭在疫情中的收入波动会有所波动，在此过程中，如何保证学员的续费率？对于一般的校内科目语文、数学、英语，培训机构可能没有很强的担心，它们唯一需要担心的是学员流向了竞争对手怎么办。音乐、体育、美术小三门培训机构，一方面担心线下的房租难以支付，另一方面担心学生拖延不来上课或者不再续费。关键要挖掘用户的深度需求，表面上看家长是为了让孩子更多感知艺术，而艺术的互动需要现场的体验和指导互动；但是挖掘用户需求，家长需要通过这一培训互动实现哪些价值认可呢？如果是为了应试，那么从线下教学转向线上教学并不会流失这部分用户，只是转换了授课方式；更多的家长并非让孩子实现专业考级水平，只是作为一个兴趣爱好培养，如何让其不成为家庭收入减少时“被删除”的兴趣爱好呢？重要的是强调“居家隔离、网课疲累”之余的情绪放松和身心调整。

第三，需要明确如何有效触及目标客户。很多培训机构从其他培训机构或者数据公司购买大量家长资料，然后雇用工作人员逐个打电话咨询家长需求。这种方式不仅转化率极低而且用户情绪体验非常差，属于“费钱、费力、不讨好”。那么，如何有效触及真正意义上的潜在目标客户呢？一方面，尊重人的力量，针对现有用户做好充分服务，哪怕是学员要离开，不再续费学习，也不能恶语相向。要让学员觉得不再续费会产生心理上的不安，但是由于个人时间问题和家庭经济收入问题不得不离开。这个时候学员会通过主动帮你做广告的形式弥补内心的愧疚和不安。我们可以参照大机构的口碑传播、朋友圈发广告赠课的方式看出这种“人际传播”的强大力量。另一方面，打造明星教师，如果只是个人工作室，那么就努力把自己授课的视频、理念传播到自媒体平台，如通过抖音给学员赠送免费课程，积少成多。并且在自我传播平台一定要强化“免费”的概念，不要做广告、不要留电话；如果一个受众一眼识破你是为了给机构做广告而发布免费视频，会减少二次传播动力，先把自己打造成明星 IP，等活跃且有效的“粉丝”数过了 10 万人再做广告也不迟。

4. **教育培训类企业在公共危机事件下的挑战（T，Threats）**

第一，校内网课全面推行后会挤占用户的上网总时间。长时间线上学习不仅会带来学生视力上的损耗，还会带来压抑、低落、烦躁等负面情绪。如何有效保证学生身、心发展与学习效果相统一，如何保障学生在校园网课之余还愿意上校外辅导班网课，对着电脑或者手机每天 8 小时以上？这是巨大的挑战。不仅对于学生本人，而且对于家长，对于整个社会青少年健康发展，都是严峻的挑战。基于此，家长是否会有意识减少课外辅导班的数量和时长？建议培训机构每节课不要超过 30 分钟，尤其是针对低年级小学生，要给予视力放松和情绪放松的时间。更重要的是，能否推出纯粹的“听课”辅导？不要看视频，只要戴耳机就能完成知识学习或者放松。很多人只是看到在线教育股票受到追捧，中小学生、大学生每天都在集中上网课，就判断在线教育市场好，实际上这缺乏有力的数据支撑。中小学生网课如果是校内教育，统一的教学资源和免费的教学资源会让家长考虑孩子健康和视力问题而减少校外网课时长。每个人对视频时长的承受能力是不同的，尤其是在疫情期间，心理情绪可能直接影响身体的免疫力，学习成绩需要排在身体健康之后。

第二，随时做好疫情结束后，线下教育回归，线上与线下教育共存的发展模式准备。艾瑞咨询的调查报告显示，除了早幼教外，用户在疫情期间对各类在线教育产品的使用率均有下滑，与此形成对比的是，用户的使用时长较 2019 年有所增长。时长的增长主要来自存量用户的带动，一方面是针对某些类别集中化学习，另一方面是学习了一些更难、更费时间的课程。而更多平台和产品类型的尝试使得竞争更加激烈，但对于用户拉新也是机会点。在这样的变化之下，在线教育平台需要更精准地把握目标用户的需求点，尤其是用户的留存和促活将一定程度优于用户拉新。使用在线教育产品是用户疫情期间除了看视频、打游戏之外便于充实时间的易得选择，而疫情结束之后，根据时间分配上的考量，艾瑞咨询认为在线教育市场指数将略低于 2019 年的水平。

二、 中小微教育培训机构如何塑造品牌

从现象级网红 IP 李佳琦、薇娅到传统明星“难以抗拒”流量魅力进入直播平台，从县长直播卖水果到副市长直播卖车，从锤子科技罗永浩直播到携程梁建章直播卖旅游产品，2020 年，在人们被“禁足”的日子里，在传统实体零售业遭遇重创的同时，直播带货成了一道亮丽的风景线。不管是企业家还是副市长，都被李佳琦的口红销量和薇娅卖火箭的能量深深折服。不得不承认，传统娱乐明星靠着选秀节目、电影、电视剧走红的时代已经一去不复返了。技术打破了媒体的信息垄断规则，那么传统时代的造星运动和商品信息话语垄断权便顺应潮流改变了方向。

1. 互联网平台造星并抢夺广告资源

2018 年最火的娱乐节目莫过于《创造 101》。这是腾讯视频推出的中国女团青春成长节目，由腾讯视频、腾讯音乐娱乐集团联合出品，企鹅影视、七维动力联合研发制作，共 10 期。节目召集 101 位偶像女团练习生，通过任务、训练、考核，让选手在明星导师训练下成长，循环人气投票、暂时淘汰的流程，最终通过人气投票选出 11 位女练习生，组成全新的偶像团体出道。节目从 2018 年 4 月 21 日起

在腾讯视频播出，于2018年6月23日收官，选出了杨超越等11位女练习生组成十一人团体火箭少女101出道。作为企业经营者，你可以不关心节目造星的过程，但是需要洞察到这些捧红的IP背后隐藏着巨大的“粉丝”流量和细分市场，从追星的性格特征到明星特质的商品化、感召力分析，这些数据在技术突飞猛进的背景下帮助实现了用户画像精准对接。

一直以来我国针对名人缺少明确的评价指标和数据模型，现在看来似乎也不需要这样的数据表格给代言人打分，因为用得起大明星的品牌会有自己的选择。至于其他中小企业会更加接地气选择网红，如果认为请网红成本过高，也可以企业老板直接自己上阵，或者请当地领导干部给精准扶贫的商品做代言，这都是与时俱进的表现，也是踏踏实实为老百姓谋福利的暖心举动。受众看到这样的基层干部，在同样的条件下，会用自己的实际行动选择购买。但是如果所有的基层干部都出现在抖音上给农产品做代言，那么会出现怎样的购买选择呢？相信我们有足够的市场可以消化这些产品，同时，相信充满智慧的基层领导干部可以独辟蹊径找到与众不同的优点和特征。

2. 直播省去“信息”包装代言服务费

传统的广告公司和电视台一个为产品、企业信息提供创意策划增值，一个提供信息播出产品展示平台，所以两者尤其是后者垄断方赚取了大量的传播费用，加上由传统媒体“捧红”的明星巨额代言费，很多企业感受到营销传播费用过于“庞大”，要想获得消费者关注，成本远远高于自身产品销售利润，如果没有雄厚的实力不敢问津电视台的“黄金时段”。

网络媒体的出现改变了电视台、报纸、杂志一统天下的传播局面。

但是黄金时段头牌自制剧和栏目的插播广告费用仍然不菲，那么精准定位的顾客在哪里呢？新浪微博、微信公众号的出现，让企业发现可以通过“两微一抖”来实现品牌的自我传播。但是用户的时间是有限的，如果一个人要将自己消费的所有商品分别绑定在不同的 App 上，那么手机内存恐怕难以承受。基于此，企业只能依托于消费者手机上固定的 App 入口宣传自己，那么抖音、淘宝、京东、微信这些平台便是首选。为什么李佳琦和薇娅会成为用户追捧的对象？这和 IP 自身的前期积累、实力水平、推荐品类、平台力推等因素密不可分。当这些人物 IP 成了新闻报道的对象之后，消费者和企业都会强化原有“追捧”，形成一种优势效应的叠加，几乎所有的优势资源和大量资本都会涌入强势 IP，获取“搭车便利”。

与此同时，企业家第一个站出来直播会带来强大的社会关注效应。比如锤子科技的创始人罗永浩，2020 年 4 月 1 日站出来直播带货，参与直播的商品从几十元到几千元不等，领域从食品到数码产品，针对这样类似于杂货铺商超的阵容，罗永浩硬是凭借自己多年积累的流量和强大的语言天赋，完成了 1.1 亿元的销售额，累计观看数超过 4800 万人次。2020 年 4 月 2 日晚上，携程创始人梁建章以复古 cosplay（角色扮演）风亮相直播平台，一小时内销售额达 2691 万元。相信疫情之下，还会有更多的企业家站出来自救，至于效果如何，要看企业品牌号召力和企业家的人格魅力所带来的用户流量。

3. 细分市场下的教育品牌需要聚焦用户痛点需求

一直以来，广告被称为经济的晴雨表。当一个企业压缩开支的时候，第一时间是裁员还是缩减营销支出呢？答案不言自明。未来花钱做广告可能成为一种奢望，除了顶级品牌会斥巨资在代言人和播出平台上，越来越多的企业将会把注意力放在产品和服务的深度匹配上。这并不代表广告业就要消亡了，而是说它会换一种生存方式提供有效的服务。未来的企业品牌，尤其是中小企业品牌需要靠自己寻找有效的媒介平台来推广，有些需要建立在大平台定向推送的大数据测算基础上，但是对于培训机构，尤其是其中的中小微企业而言，如果每一个客户的转化成本超过100元，就要考虑资金是否能够支撑。站在用户的角度，你能提供给用户哪些价值才能不仅说服你的学员，还能说服出钱的家长呢？以教育培训类中小微企业为例，线下教学转为线上互动之后，如何从社会情感教育层面去与学生、家长沟通？如何从多层面去关怀授课教师和听课学生？如何让家长在财务收入减少的情况下继续保持品牌忠诚度和教育消费的选择？

用户对于产品的期望值、满意度直接影响其“续费”决策，这一理论被称为期望确认理论，最早由Oliver提出。2001年Bhattacherjee等构建了全新的信息系统持续使用模型（ECM－ISC），为信息系统持续使用研究做出了开创性贡献，将“满意”这种基于用户主观感受的概念引入意图产生的原因中，认为信息系统用户的持续使用行为和消费者重复购买行为之间存在相似性，他们都基于初始采纳后的满意度来判断是否符合之前的期望，从而产生或不产生后续使用行为。满意度取决于消费者在实际过程中对期望产生“确认”或“不确认”的认知程度。当用户对在线教育学习过程、内容、服务、支持等方面产生“确认”的时候，对在线教育的满意程度提升；若产生“不确认”则会导致不满意。满意具体包括知识满意、服务满意、学习过程满意、技术支持满意。

中小微在校教育培训机构一方面需要精耕细作自己的服务内容，提升现有学员的满意度，进而获取学员的理念认同和情感支持，重要的是“粉丝”推荐、义务推广和宣传；另一方面需要找准自己的服务，能够“讨好”某种特定类型的用户群体，而非“广撒网”缺乏特色。在日益激烈的教育培训领域，大而全的类别、模式和客户群体，是难以长久存续的，只有找准自身强势学科和用户的痛点类型，才能打造自身独一无二的品牌。

参考文献

[1] 刘建林．北京市家长对校外培训机构的需求现状研究［D］．天津：天津师范大学，2012.

[2] 周卿，王璇．中小学校外培训机构的现状分析［J］．法制与社会，2011，(23)．

[3] Bhattacherjee A. Understanding information systems continuance：An expectation－confirmation model［J］. MIS Quarterly，2001，25 (3)．

[4] 纳西姆·尼古拉斯·塔勒布．黑天鹅：如何应对不可预知的未来(升级版)［M］．北京：中信出版社，2011.

[5] 艾瑞咨询．2019 年中国在线教育产品营销策略白皮书［R/OL］.(2019－12－31)［2020－03－07］．http：//report. iresearch. cn/report/201912/3511. shtml.

张慧子

经济新闻学与法学双学士学位，传播学博士，副教授，硕士生导师。国家公派访问学者，主持国家社科基金青年项目和教育部人文社科青年项目，入选 2017 年度北京市属高校高水平教师队伍建设支持计划青年拔尖人才培育计划。独立著作《新媒体时代公民隐私侵害与保护研究》，合著《国有企业品牌形象研究》和《新媒体时代的危机公关：品牌风险管理及案例分析》。主持参与多项企业课题，与多家上市公司合作并受邀讲授社交电商的法律规范与危机管理等课程。

尹朝安

眉州东坡“战疫”的基因解码

内容提要 2020年，疫情突如其来，冲击全国的各行各业。不同的企业有不同的应对办法。每个企业的管理层如何应对危机，决定企业在这个行业的命运。作为餐饮行业的排头兵之一，眉州东坡首当其冲。其管理团队如何沉着应对，渡过难关，起死回生？通过这个案例，我们从内部诸多方面去剖析，找到眉州东坡管理团队成长的基因，清晰地了解面临突如其来的疫情冲击，其管理团队从内在创新基因、管理决策机制出发，采取及时、有效措施来应对危机、迅速渡过危机、促使企业尽快起死回生的惊险过程。

2020年，疫情带来的冲击涉及各行各业，方方面面。覆巢之下，焉有完卵，突如其来的疫情打乱了各行各业的秩序，餐饮行业首当其冲。有经济学家估计，疫情对中国经济造成的损失在5万亿～10万亿元，其中餐饮业的损失更是在7000亿~8000亿元。作为传统服务行业的头部餐饮企业之一，眉州东坡自然受到巨大冲击和严重影响。根据报道，西贝创始人贾国龙表示，本想2020年大干一场，但公司的现金流最多撑3个月。有人估计，停业期间海底捞每天损失8000多万元。眉州东坡之前每个月直接损失近1亿元，最多支撑6个月。

但在黑暗之中，眉州东坡这家总部扎根北京的中餐企业逐渐摸索出一条生路。面对疫情给餐饮带来的重创，几乎所有餐饮企业萎靡不振时，作为头部餐饮品牌，眉州东坡却坚持营业，居然逆势上扬，成功吸引了中央电视台的关注和报道，整体销售回升到疫情前的五成左右。即使2020年6月11日新发地出现疫情，眉州东坡也并不害怕，从容应对。眉州东坡是如何摆脱困境，起死回生的？

最近一些媒体报道了眉州东坡“战疫”的一些做法和效果，但是很少从企业内部、企业文化的角度去解析这家企业如何生存、成长和壮大。过去我只是从表面观察和看待这家餐饮连锁企业，不太了解它内部的基因。但通过我这几年和眉州东坡管理团队的正面接触，特别是川商大讲堂上创始人夫妇联袂主讲了三个多小时，给大家分享他们的成长历程，我比较直接、感性地认识了这个餐饮企业，从内部基因、企业文化演变过程理解了它为什么会成长，为什么历经多次磨难都没有倒下。

一般媒体可能很难从内部去了解眉州东坡的决策真相，只是简明扼要地报道了企业的做法。眉州东坡企业内部管理决策的机制、文化生成机理是什么？我认为，只有深入企业内部挖掘其文化基因，才能准确找到企业“战疫”的真相和破解其密码，否则，只是隔靴搔痒，不知全貌。

一、 对疫情的总体判断和紧急应对之策总动员

疫情期间，餐企有三大课题：自保、自救和自新。很多企业关注的是自保、自救，但是真正的关键是自新，也就是如何变危为机，换道超车。疫情之下，很多餐饮企业都进入了“ICU（重症监护室）模式”，堂食关闭，单量稀少，账面吃紧，到了要么生存，要么毁灭的至暗时刻！如果没生意，现金流还能支撑多久？就在大家都在讨论如何活下来时，作为川菜头部餐饮企业，眉州东坡如何应对这场突如其来的危机？

这不是眉州东坡第一次遇到如此大的打击，它经历过 2003 年的“非典”，7 家店一夜之间没了生意。2020 年疫情期间，王刚董事长积极应对，展开企业自救和自新。早在“非典”时期，当餐饮业几乎所有门店全关时，王刚就毅然决定继续营业，同时为员工做好一切保障，绝不把一个员工推向社会。王刚回忆：当年“非典”的时候，自己在北京一样很难熬，后来仔细一算，要是再多持续半个月，眉州东坡就破产了。

梁棣总裁在给员工的公开信中表示，眉州东坡在原本备战得好好的一个营收高峰期，却遭遇了餐饮行业前所未有的打击。

王刚把眉州东坡变身“战地食堂”，将口号定为：人在军心在，人在精神在。王刚认为：对眉州东坡而言，这既是极端状态下企业紧跟政策、提升应急能力的重大考验；也是队伍面对艰难困苦条件的真实历练；更是特殊时期稳定人心、提升企业核心竞争力的机遇和挑战。在疫情影响下，表面上企业会有很大损失，但怕是没有用的，没打过仗，就不会有长进，所以要坚持营业、坚持保障。

面对困难，勇敢行动，在逆境中求生存。兵无常势，水无常形。变化才是常态，而能根据外界变化立即做出调整的人，才是有能力的人。在大自然的漫长进化中，能够生存下来的生命，既不是那些最强大的，也不是智商最高的，而是那些最能适应环境变化的。在2020年的OKR（目标与关键成果法）绩效管理中，团队提出了“活下去”的第一指标。我想在这个时候，“活下去”三个字对于员工来说是多么不易，又是多么温暖，同时是激发他们前行的动力。与时间赛跑，防控松懈不得；不知前方未来模样，人们却依然激情饱满。

这次，王刚坚信眉州东坡能继续战胜困境，磨炼出更强的凝聚力和战斗力。王刚表示：宁愿战死商场，也不坐等结果；我虽水深火热，但必奋不顾身。

山重水复疑无路，柳暗花明又一村。王刚也深知这一哲理。此次疫情就是一面镜子，真实反映出企业的创新力，倒逼整个餐饮产业进行了一次有史以来的空前规模的食品化创新。因为疫情已经带走了几乎百分百的营业额，他如果不去做创新和尝试，疫情影响将迟迟难以恢复，那企业就是死路一条，哪怕营业额低一点，哪怕毛利低，也愿意去尝试，毕竟试了总比什么都没有好。眉州东坡CEO梁棣表示，以前一年几十亿元营收感觉也没有现在卖几元钱的菜那么兴奋，感觉在做一件特别有意义的事情。能做几十亿元营收的企业，也能卖几元钱的菜，我想这就是危机中体现出来的企业家的适应能力！在生与死面前，体验暂时差一点、营收少一点、事情没有那么高大上，根本不算什么，“活下去”才是第一要务。所以面对此次疫情，梁棣表示，怕是没有结果的，必须战！眉州东坡开启了为期100天的企业自救、自新之路，“餐饮＋菜站”的新模式也在其中逐步被摸索出来。

从这些观点中，可以看出这个管理团队非常有智慧，这些智慧在我看来是很朴素的，它不一定来源于商学院，不一定来源于课本，可能只是来源于他们的天性和本能。他们遇到这些天灾人祸，面对现实，都很乐观，他们不会去依靠别人，而是主动自救，自己想办法生存下来。这种“草根”创业的精神就是非常值得我们其他的中小型企业的管理者来学习的。如果不这样的话，面对突如其来的疫情打击，很多人都是迷茫的，状态都是很难恢复的。从这个角度讲，眉州东坡管理团队没有逃避现实，而是积极面对现实，勇敢去想办法应对，想方设法活下来，生存下去。这就让我不禁联想到那部名叫《活着》的电影以及名叫《多想活着》的俄罗斯歌曲。在疫情冲击下，无论我们是员工，还是企业家，无论如何都要活下去。如果没有信心，就只有死路一条。活着对我们每个人来说，都是一种非常深刻的体验。我们这些百姓，尤其是企业主，一定要在这种情况下想办法，提高自己的生存能力。活下去才是硬道理，活下去才是王道。

二、　创新从来不是天赋，而是绝境的产物

眉州东坡在 2009 年建立全产业链体系，但是它一直没有发挥出预期作用，这次在疫情冲击下，产业链被瞬间激活。这看起来有些运气成分，实际可能是提前布局、之前时机未到造成的。早在 2007 年，眉州东坡就建立了王家渡食品公司，虽然历经波折，走了很多弯路，却成就了此次疫情下的新商机。眉州东坡过去建设起来的物流配送、中央厨房、食品公司、农业公司以及团队，就是最好的资产。围绕吃饭这件事，用好供应链系统和门店，业务模式就可以大大拓展。梁棣表示：自

已看着一天天起来的菜站，还有食品公司零售额的飞速增长，以及客人对东坡食盒的热爱，脑子里浮现出一种思考，疫情推动了整体社会对于“吃饭”这件事情的认知，多场景、多时段、多渠道的业务模式即将出现。

眉州东坡这家餐饮企业积极寻找商机，多渠道自救，甚至打通完整的垂直产业链，开发新品类，利用“肉菜供应链 + 中央厨房 + 超市”模式，为自己开发了新的市场，成功吸引了中央电视台的关注。

梁棣口中的新的业务模式，也就是她在超市开菜站的新探索，她表示，还不知道未来的情况会发展成什么样，我们也会依据客人的需求，随时做出调整。创新从来不是天赋，而是绝境的产物！不知道眉州东坡团队是否已经提前制订了相关的危机处理预案或者设计了备选战略，但是，现实情况告诉我们，这个团队可能天生具有某些本能，生存和适应能力极强，关键时刻能够临危不乱，及时调整部署，适应客户需求，抓住机会，急中生智，进行变通。

这些并不是什么新颖的模式，那为什么眉州东坡可以想到并做到，而其他的餐饮企业却还在挣扎？同样的时代和环境下，商业的求变、创新究竟有多难？可能中间差的只是一场“灭顶之灾”。人们常说绝处逢生、凤凰涅槃。实际上并不存在神话，我们需要的是面对失败的勇气。当然这里不是指匹夫之勇，而是指向死而生的态度和技巧。

三、 危机面前尝试创新转变的思路

悲观者只看机会后面的问题，乐观者却看问题后面的机会。松下幸之助表示：危机和良机本质上是一样的，只要你改变观念，重新评估，趁机下手，危机就会变成良机。同样的事物在不同人的眼里，有着不同的意味。眉州东坡能在逆势中站起来，靠的是二十多年来在每一次困难面前艰难前行总结出的宝贵经验，靠的是危机面前一次次尝试创新转变的思路。危机，既是危险，亦是机会。在家哀怨的时候，不妨想一想如何破局，因为洗牌已经开始无法暂停。眉州东坡在这场疫情中提前开启了它的“春天”。当其他餐饮企业在倾倒、低价处理食材的时候，它改变思路，将食材做成半成品，利用超市柜台出售。通过这样新颖的方式，客户根据已经配好的作料和食材，只要简单加工，就可以做出可口的菜品，方便快捷。除了推出在家即可享用的美食外，眉州东坡老板、经理还直播带货。“餐车进小区”看起来并没有什么难度，却让企业在疫情中持续盈利。

此次疫情把餐饮老板逼成了互联网、新零售的多面手，吓退了不少人，也成就了很多品牌。很多传统的餐饮人及过去很保守的企业，在疫情之下的创新都做得很不错。疫情造就的食品企业老板，无论是行动力、创新力，还是决心，都达到了一种空前的规模。此外，不仅仅是他们，还有一些原来做零售的、做电商的人大量进入这种餐饮行业的进化当中。

疫情把餐饮人硬逼成了互联网人、零售人，餐饮、零售、电商的竞争边界被打破。大量原来做食品的工厂同样加入为前端提供服务的行列。这段时间，生鲜超市的生意很火爆，线下体验，线上到家，对整个食品、零售、相关联的互联网行业都是一次大加速。整体趋势没有变，但是世界仿佛被按下了快进键，直接跳入下一个时代。不确定因素增加了，格局变了。像海底捞和西贝这样的头部餐饮就是开拓者，它们在2017 年就嗅到了零售化的商机，是早期做餐饮电商的企业，所以在此次“战疫”中，其电商业务能够大大发力，为企业带来至关重要的营业额。眉州东坡后来居上。推小程序、拍抖音、做社群运营、下沉推销工作盒饭，这些举措对眉州东坡来说都是第一次。一通折腾下来，眉州东坡保住了单月4500万元至5000万元的现金流。“队伍得到了锻炼，大家看到了希望，现在我确信我们能挺过来。”王刚说。

最近一段时间，许多人很低迷，大言各行业的萧条与低谷，似乎餐饮企业在这个时期，疲乏得像个败军之将。但是，除了不可否认的客观条件之外，我们是否也有眉州东坡的眼光和执行力，能够在足够短的时间内，建立起抵御灾难的防御工事，无论是明碉暗堡，还是地道街垒？这些都在显示一家企业、一个团体的应变能力。一个应变能力差的企业，自然要被淘汰。组织是这样，个人也是这样。一场疫情令许多人钱包空空，那么，企业掌门人的想法，是否也在疫情中变得“空空”？置身事外的确很享受，但是，享受的温床是失败的大门，静观和等待的人会因为惯性被时间甩出队伍。

四、 天道酬勤：眉州东坡做公益，自然得到回报

在坚持营业的同时，王刚还积极承担社会责任，要求全国的100多家门店主动出击，联系当地一线医护人员、社区、政府部门，紧贴需求，协助做好免费供餐服务。疫情期间，眉州东坡每日免费为一线医务和工作人员提供餐食上万份。在接受采访时，王刚表示，自己一定还要做公益，我们还要为社会发光，为社会承担责任。这样战斗三个月、半年，眉州东坡即使死掉了，也是一名“烈士”。

如同2008年汶川地震和2013年雅安地震中为救援的解放军和志愿

者提供免费食盒一样，眉州东坡主动提出向湖北武汉和黄冈两地的一线医护人员送上免费食盒，提供“战疫食粮”。对此，王刚表示，这是餐饮人应尽的责任和担当，平时眉州东坡提供餐饮服务，在非常时期，我们就是“战地食堂”。武汉疫情突发之后，王刚提出武汉、黄冈的 5 家店可以给医务人员捐爱心饭。截至发稿前，这家企业已捐出 150 万元餐食。这个罕见的公益举动引发了湖北媒体的关注，之后受到中央电视台的连续关注和密集报道。媒体对眉州东坡的全面报道，其实就是眉州东坡在疫区做公益活动得到的最大回报，也是对眉州东坡所做的免费的公关宣传。

得知眉州东坡陷入短期经营困境，2020 年 1 月 29 日，光大银行将第一笔 1000 万元的信用贷款拨付到账，随后北京银行、华夏银行等 25 家银行伸出援手，不仅全部续贷，还新增了近 1 亿元的低息贷款。在财税政策支持之下，眉州东坡还得到 2020 年 1 月免征增值税 404 万元、2 月至 6 月社保减免 1000 万元的优惠条件。20 多家房东也打来电话，为眉州东坡免除 400 多万元租金。

五、 眉州东坡老板具有极强的企业家基因而非商人基因

眉州东坡王刚夫妇从开始在餐馆打工到创业，再到现在，三十余年时间，都扎根并投身于川菜餐饮行业。老板夫妇从基层干起，他们对公司的经营管理方式，和那些学院派企业家的方式有很大的不同。他们投身于餐饮行业，苦心经营多年。这也养成了他们的本分性格，他们很专注，不善于做别的行业，不容易飘飘然。他们面对外来的各种各样的诱惑时，不会轻易动心。从这个方面来讲，做餐饮必须有定力，如果没有

定力的话很容易被别人忽悠，最后连自己到底该怎么做都不知道了。以前有个说法，很多中小企业主因为想把企业做大，求胜心切，便花巨资到大学读了 EMBA（高级管理人员工商管理硕士），之后头脑发热，自我膨胀，回去就把那些课堂上、书本上学到的理论用到自己的企业中；或者进行大刀阔斧的变革，或者不切实际盲目扩张，结果是把企业战线拉长，最后失败了。王刚夫妇也读过 EMBA，但是他们还是很清醒的，脚踏实地做力所能及的事，逐渐、慢慢地实施变革，而不是跨越式变革。

他们没有像部分明星企业管理者一样主动四面出击，到处去做企业形象宣传，他们聚焦餐饮行业，通过这么多年的锻炼，造就餐饮行业的工匠精神。有媒体采访的时候，他们讲自己的餐饮故事，很专业、很真实，宣传效果非常好。眉州东坡主要围绕餐饮做文章，打造产业链，这样可以形成一个闭环，一个很稳定的系统结构，不容易被外来者所颠覆。即使这一次疫情对其影响巨大，也是短暂的，因为其建立的产业链系统比较扎实，适应能力、生存能力比较强。

由于管理团队比较“草根”，踏踏实实做事情，引进的一些人才可能不一定很高大上。那些海外派、学院派，管理团队不一定需要，这些人即使空降，也可能很难适应企业内的文化，无法协调。但管理团队很善于利用这些人的优势。企业采用服务外包等方式，聘请他们从外围来做一些战略管理咨询，这样做起来就比较节约资金又避免了理念冲突。由于企业的生存能力比较强，它会展开外联合作，去引进一些智力服务，比如危机期间引进一些机器人、时新的理念。包括电商、直播等玩法，他们都会使用，从节约成本方面来讲，这是很明智的做法。

眉州东坡产业链体系架构横跨了三个产业。虽说不上是高科技，但企业很善于利用先进的科技工具，包括点餐系统。在这个行业里边，这些企业家一般都比较实在、踏实，难得有获得暴利的想法，否则就无法在这个利润率不高的行业扎根下去。眉州东坡老板具有天生的企业家基因，为社会的各个利益相关者创造了收益和就业机会等。企业遇多次危机都没有倒下，也不会倒下。他们没有“把猪养大就杀了卖掉”的短期打算，而是坚持长期经营企业的思维，把经营企业当成长期事业来做，承担更多的社会责任，受到大家的支持。

在我国的营商环境下，企业管理者在企业发展到一定阶段之后就容易头脑发热，做其他行业的多元化投资，最后亏本或倒闭，这样的例子屡见不鲜。受到这次疫情的冲击，有很多中小型企业都因为现金流断裂而倒闭了，但是眉州东坡的绝大多数门店还开着。这是因为管理者采取了很多及时、有效的自救和自新措施，很接地气，效果显著。眉州东坡营业额基本上恢复到疫情前的五成，再加上一些银行的及时贷款支持，它比较容易渡过难关。其管理者的成长基因决定了他们的思维方式，他们的做事特点，决定了他们不会去做不切实际的事情。企业能够活下来就是因为管理者比较踏实，比较务实，而非好高骛远。这种作风、这种做法是非常现实，而且非常管用的。由此我们可以看到，眉州东坡管理团队不断变革，务实创新，开源节流，最终在疫情中活了下来。

眉州东坡多数员工都是四川籍。王刚有很强烈的责任感和使命感，他要把中餐、川菜的大旗扛起来，进入世界市场。不会倒下，也不想倒下，想办法活下来，这就是我们所讲的企业家精神。这不是所有人都具备的，但从王刚夫妇的身上非常明显深刻地显现出来。眉州东坡是川菜的标杆餐饮企业，它承载了很多来自家乡的社会责任。地方政府和百姓对它的一些感情，一些期待，促使眉州东坡老板有很强烈的责任感。他们计划把四川各个地方的一些名优特色菜品引到北京来，以北京这个大窗口进行推广，然后发展到国外去。

眉州东坡此次面对疫情的冲击，并没有抛弃众多的蔬菜供应商，而是保持与供应商联系的稳定和连续性。眉州东坡的这些供应商大部分是四川的企业，在眉山建了食品公司，也建立各种蔬菜供应基地。通过供应链，眉州东坡给四川企业引流，如果它切断供应链，那些基地、菜农们基本就没有生意了，就会受到很大损失。所以眉州东坡保持产业链的稳定，保持供应链的完整，就是在保持共赢的局面。在书本上我们也看到过相关的理念，只不过我觉得可能眉州东坡的老板不一定受到书本上的理论指导，他们就是从朴素简单的道理出发，要维持它的供应商在四川的供应基地稳定和菜农生存。他们有这个情怀，他想要承担这些责任。同时，眉州东坡是川菜行业的一个领先者，作为川菜在北京的一个窗口，每年受到四川省政府的表扬表彰，被评为明星企业、标兵企业。如果眉州东坡切断了供应链，那会给四川省的农业造成很大的损失。王刚不会这样做，不会为了自己减少损失就把这些供应链全部斩断了。他会觉得这对不起家乡，对不起乡里乡亲，如果这样做的话，肯定给自己的事业和形象带来很大的伤害。有些企业，一旦危机来临，就采取“断臂求生”的自保措施。而他更多是自救和自新，把川菜产业链给拯救起来，这样的社会责任与担当，或许也是王刚跟其他人不太一样的地方。

2016 年开始，王刚董事长作为北京四川企业商会的老会长，经常应邀回到四川，介绍眉州东坡带领北京川菜行业发展的情况。他提出了一个关于川菜产业发展的形象解释：一端连着世界的嘴巴，一端连着四川的泥巴。这个接地气的文学比喻给家乡政府和行业人士留下深刻的印象，从经济学的角度理解也非常朴实。为此，眉州东坡从四川21个地区采购正宗的川菜食材，每年采购额10亿元以上。由于进行集中采购，把北京川商企业和四川老家的农业等产业联系在一起，眉州东坡受到了四川政府的高度重视。

六、发扬“草根”创业精神，缔造中餐餐饮帝国

王刚夫妇建立眉州东坡，属于典型的“草根”创业。王刚非常喜欢中餐，他做厨师，本来就喜欢为客户提供好吃的饭菜，他一直号称“为世界人民做饭”，有着远大的理想和愿景。在开发新产品、新菜品的过程中，他亲自掌勺，这样就给员工树立了一个非常好的典范，总裁梁棣也是这样，在很多情况下跟员工在一起，特别和蔼可亲。员工觉得这对夫妇老板是比较平易近人的，而不是高高在上的。眉州东坡的企业文化就是大家平等，可能由于这对夫妇都是从基层打工，做厨师做服务员开始成长，他们的经历能够使这些后来就业者感同身受。他们会理解员工，换位思考，对员工非常友好。眉州东坡老板和员工总是打成一片。这种管理做法比较亲民、比较适用于这个行业的从业者。他们中的多数都不是名牌大学毕业的，他们属于比较基层和现实的人群，做事比较踏实，适应社会的能力比较强，在市场经济大潮中磨炼，生命力比较强，同时善于变化。王刚夫妇从打工到创业的过程中都没有足够的时间来专门学习系统的企业管理理论，但他们从基层起步，知道人生的道路上不能一口吃个胖子，虽然也走了一些弯路，但现在知道公司生存的最大优势就是不断变革，如果不变革墨守成规的话，就是“死路一条”。

经过2008年盲目扩张走弯路之后，王刚和妻子全国各地到处跑，

找同行、找专家请教自己企业面临的问题。经过总结反思后，他们找到了内心的方向——专注餐饮。2016 年，眉州东坡成立二十周年的时候，王刚启动了“主动变革，二次创业”的变革管理。他表示：眉州东坡的落后首先是从自己的落后开始的。过去自己成功了，所以认为之前成功的经验可以继续复制下去，但时代变了、竞争的环境也变了，甚至人都变了，仅仅靠以前的个人经验决策是不行的，而自己又没有及时更新知识和引进新的理念。这次创业与过去创业的唯一不同是，从个人的创业到集体的创业，这是一次由内而外的变革，用机制生成未来，去实现万人万家店，避免个人英雄主义式决策。接下来，自己的工作就是抓两头，一头是战略，另一头是客户极致体验。以后每个季度自己都会到店里去，跟服务员、厨师同吃同住同劳动，要到离客户最近的地方“死磕”，要到听得见“炮火”的地方去指挥战斗。

这一年，他们花了 1000 多万元，引进了美世咨询公司进行诊断和提供建议。通过引进外脑，他们意识到应该坚定自己的主业，应该有定力做餐饮行业，而不是做不相关的多元化投资。如果贸然做些不相关的多元化投资，结果就是钱打了水漂。根据眉州东坡的管理团队讲，他们不适合做其他方面的投资，眉州东坡不是投资公司，不是资本运作公司。从这个角度讲，我觉得他们夫妇老板还是比较明智的，比较现实的。

经过几年改革后，眉州东坡重新回到正轨。关于眉州东坡成功的原因，王刚总结：第一，敢于担当，始终不忘父亲对自己的教导；第二，专心做好产品、做好服务；第三，心中充满爱，爱我们的员工、爱顾客；第四，物超所值；第五，不断创新，季季推出新品。回顾过去的创业生涯，王刚表示：二十多年来的风雨历程，让我们心潮澎湃，感慨万千，我们有欢笑、有泪水、有困苦、也有收获。创业容易守业难，一旦走上了创业这条路，就没有守业这一说，因为守业是守不住的！

路在何方？路漫漫其修远兮，吾将上下而求索。眉州东坡的故事应该如何进行下去？面对未来发展，王刚畅想着：眉州东坡依然是大众的和亲民的，将继续演绎“高档菜品平民化，平民菜品精细化”的宗旨，带给消费者地道、健康、实惠的美食。眉州东坡将继续深耕中餐连锁化经营，为中餐美食提供更强大的保障。同时，王刚清楚眉州东坡未来需要改进的地方：六种业态战略定位交叉，缺少具体的发展规划体系，没有深层次的文化挖掘，品牌认知度不够，影响力也不够，缺乏高端的餐饮职业经理人，股权单一。在品牌建设方面，眉州东坡未来将继续“四店合开”的模式，结合店面进行多品牌的有效组合。采用多品牌战略，火锅走中高端，小吃走平民化，私厨依附酒楼卖高端食品。在产品与服务上要各有特色，稳定自己的核心竞争力，坚持“3 + 1”模式。加强企业宣传力度，做好营销、广告和公关活动，扩大知名度。加强中央厨房建设，进一步研发标准化中餐。对于海外拓展，眉州东坡将继续围绕美国市场发展品牌店，为中餐走向世界做出贡献。

七、 疫情到来加快餐饮企业资本化上市的步伐

这些年，很多国内餐饮企业在收获高额利润的同时，都在积极筹备上市，预借国际资本实现新的扩张。它们纷纷扩大其规模，并千方百计引进风险投资，做大做强后为上市做好准备。2019 年餐饮投资案例较少，但 2020 年同庆楼 A 股上市，打开近年来纯餐饮上市大门，九毛九港股上市。2020 年深交所推进创业板改革并试点注册制，餐饮的退出

路径走通，将吸引大量大额资本进入餐饮投资。餐饮 IPO 的冬雪正在融化。

2018 年 9 月 26 日，海底捞上市，在香港联交所主板挂牌交易，在当时成为香港史上入场门槛最高的新股；2020 年 1 月 15 日，九毛九国际在香港联交所敲锣上市，成为继海底捞后又一家赴港上市的中式餐饮企业。在 2020 年年初，突如其来的疫情席卷全国，让原本处于黄金期的餐饮企业备受打击，这也让一些原本看好餐饮企业的资本产生动摇。而疫情的到来，让那些曾经认为自己不需要资本的餐饮人在观念上发生了巨大变化。在这次疫情期间，曾放言“西贝永不上市”的贾国龙也松口了，他表示，自己会重新评估西贝上市。“这次疫情对我教育深刻，有些事不能说得那么绝。”越来越多的餐饮企业开始以更开放的心态去拥抱资本，而随着餐饮 IPO 的路径越来越清晰方便，相信中国会迎来一波餐饮 IPO 热潮。很多资本也认为，投资餐饮企业现在是最佳时机了。

王刚及夫人梁棣凭借着对美食的信仰和辛勤的劳动创建了眉州东坡，在过去二三十年奋斗过程中，“商场如战场”，宏观市场风云变幻，眉州东坡也经历着变革。眉州东坡的领导者有着从学徒到企业老板的传奇故事，经历了从传统经验式经营到现代标准化、产业化经营的思想蜕变。这一路走来不容易，他们既要夯实基业，又要保持青春活力；既要体现集团总体路线，又要凸显餐厅个性化特色；既要严格制度管理，又要倾听员工心声。中国餐饮业营业额连续十几年实现两位数递增，随着社会的发展，人民生活水平逐渐提高，生活方式也在发生转变，眉州东坡的发展前景是否会越来越好？接下来王刚将如何继续领导眉州东坡走向下一个目标？

眉州东坡作为家族企业是否也会加入上市的浪潮中？川商大讲堂上，王刚董事长专门讲到一点，企业不断变化，不能停止变革。时隔几年眉州东坡的营收一直维持在二三十亿元，没有像海底捞2018年上市之后迅速扩张，营收在2019年就狂奔到265亿元。在这种情况下，他们也意识到作为一个家族企业，一家夫妻店，眉州东坡有一定的局限性。王刚号召员工“炮轰”老板，要有新的使命，要有新的愿景，要有新的价值。以前是一个人做企业，他现在要一群人才做事情。他对企业的90多名高管非常看好，还打算实现新的战略地图。他认为以前的竞争对手是海底捞，现在因为竞争环境不同了，竞争对手就是自己。要思想统一，从2019年开始要更加重视顾客体验，提高整体运营效率。

从2019年开始他们采取了新的激励措施，在股份方面，把公司的股份稀释一部分给员工，培养新的管理团队，希望员工能够更加团结在企业的周围，有主人翁的感觉，和企业一起发展。同时，创始人王刚现在五十多岁，再过十年，接近退休，因此，他有意培养接班团队。

现在中国餐饮行业出现了两极分化，面对疫情的袭击，很多小企业无法营业，大批倒下。而头部餐饮企业例如西贝，其董事长贾国龙表示如果再不上市的话，将来抗风险能力就比较差。作为眉州东坡老板，2019年王刚也在思考上市问题。为了应对这样突然的打击，为了未来的发展，将来眉州东坡也计划走上市之路，争取几年之后IPO上市。

餐饮企业已经进入了逐步恢复营业的阶段，相信用不了多久，餐饮行业也将迎来迟到的“春天”。在疫情结束前的这段时间里，餐饮人请扪心自问：你是否做好了准备，自己的内功是否修炼扎实，又是否把握住了变革和趋势？

企业背景

眉州东坡的创始人在餐饮行业里扎根和经营三十余年，取得令人瞩目的骄人成绩。餐饮业是具有刚性需求的大市场。“吃”这个需求每天都在产生，频率高，市场大，选择在餐饮市场耕耘，不会担心没有市场需求而倒闭。根据统计，2018 年中国餐饮市场规模突破 4 万亿元。但是，由于门槛低，市场饱和，竞争非常激烈。餐饮行业里中小企业居多，大企业很少，集中度又高。在疫情期间，餐饮消费受到冲击，但是不会消失，只不过消费的地点和方式可能发生变化。

眉州东坡打造的全产业链体系既包含农业又包含服务业。其做食品加工就属于制造业（第二产业）。现在企业做整个川菜产业体系，由此建立了跨三个产业的结构稳定的市场系统。在这种情况之下，其系统结构相互支撑，不容易崩塌。这个企业管理团队中，成员都是从市场上摸爬滚打出来的，具有很强的适应能力。就像进化论所说，物竞天择，适者生存，剩下来的并不是最强大的，而是最适应市场变化的。眉州东坡就充分地诠释了达尔文进化论的实用性：它不是最大的，但是适应下来它会变得越来越强大。它再次证明了“草根”创业的特点，野火烧不尽，春风吹又生。只要它的管理团队、它的基因还存在，它就会不断传承下去，它就能够永葆基业常青。

这几年我在国内外做一些有关企业管理战略咨询的工作，比较频繁地接触眉州东坡，接触了王刚先生，对这家餐饮企业创业管理模式有着比较直观的了解和理性的认知。2019 年 10 月，作为北京四川企业商会会长助理、川商学院院长，我带领秘书处策划、组织和举办了以“眉州东坡的前世今生与未来”为主题的川商大讲堂第一期，眉州东坡创始人王刚夫妇应邀做主题分享。演讲长达三个多小时，获得了超过预期的圆满成功。王刚董事长在分享会上表示：自己看见过那么多餐饮企业倒下，自己不能倒下，为了 8000 多名员工，一定要带领大家走下去。这虽然听起来很简单易懂，朴实无华，但在我看来，豪情满怀，掷地有声，非常明确地表达了一部分典型的“草根”创业者的心声，给大家留下了深刻的印象。

川商大讲堂第一期的过程中，眉州东坡管理团队已经全面、系统地分享了他们打工到创业的成长经历，包括打工创业开办企业等理念、经验和做法，非常值得其他兄弟企业参考和借鉴。这次大讲堂使我们深受感动、备受鼓舞，也是许多人第一次听到眉州东坡负责人详细分享、阐述及现身说法，我们很多商会会员、大学 MBA 学员，都改变了对眉州东坡管理团队和企业的一些原有看法。

尹朝安

1965 年生于四川。20 世纪八九十年代从北京师范大学、中国社会科学院研究生院获得经济学学士、硕士和博士学位，先后在中国社科院、国内外管理咨询公司工作。2004 年创建北京优西国际咨询有限公司。

2007 年以后到国内外高校、集团企业、政府机构等讲授中外企业管理咨询、投资管理与营销、招商引资务实实战案例与课程。

2014 年以后参与北京四川企业商会、其他部分地区商会的成立或者换届等重大活动。2016 年提出创建北京川商学院，2019 年担任北京四川企业商会会长助理，兼任北京川商学院院长，开办系列川商大讲堂和学堂课程班。

刘 建

疫情下中小企业的招聘策略与面试技巧

内容提要 春季一直是每年的招聘旺季，但疫情突如其来。为此，人力资源和社会保障部还专门发布通知，明确要求暂停各地人力资源服务机构近期举办的现场招聘会等聚集性活动。随着疫情逐步被控制，企业也在陆续复工复产。但由于全球疫情的迅速蔓延，防控一点儿不能放松，开工后需要用人的企业面临的首要难题，就是不能像往常一样进行有接触的现场招聘和面试。另外，虽然中小企业占企业总数的90%以上，是社会经济中最大的群体，但由于资金少、压力大、问题多、寿命短等诸多劣势，它们往往不受人才的关注。那该怎么办呢？有没有符合当下社会现实和中小企业特点的招聘策略与面试技巧，从而吸引更多的人才应聘，并甄选到更适合的人才呢？本文将围绕上述问题，全面给出具体的对策与建议。

2020年春节，疫情突如其来，给发展经济的主体——企业带来重创。

本来，伴随春节之后的返程高峰，初春的“金三银四”自然成为每年企业的招聘黄金期，大多数企业都会忙于招聘用人，以此获取企业生存发展重要的人力资源。可是，2020年疫情一下打乱了一切，全国上下抗击疫情，“金三银四”风光不再。

一、疫情的负面影响

从宏观来看一下疫情对企业和行业的整体影响。中国领先的基于人工智能的人力资源科技公司仟寻调查显示，有79.8%的企业表示疫情带来了消极负面影响；超过50%的企业都将不同程度减少招聘需求，甚至是冻结招聘。只有9.7%的企业充当“逆行者”去增加招聘需求，而这些企业主要集中在抗击疫情的医疗、制药，或是不受疫情影响的互联网等极少数行业。

智联招聘的一个调研报告显示，除了招聘规模在10人以下的招聘比例有所增长外，其他的比例全部下滑。这反映了整体的招聘规模都在被迫减少，趋势特别明显。

专注实习生招聘的平台实习僧的调查显示，疫情致春招开启时间延迟，超六成的学生也都期望疫情稳定后再启动春招。加上全球疫情迅速蔓延，抗疫形势不容乐观。“金三银四”可能要变成“金七银八”，甚至是“金九银十”。

二、 疫情给招聘带来的影响变化

1. 影响

（1）原本的招聘需求会减少。

（2）原本不招聘的企业可能会裁员。

（3）现有员工或因疫情离职。

（4）失业和求职人数会增加。

（5）原有招聘计划和流程被打乱。

（6）原有招聘模式被打破。

（7）常用的面试方式被改变。

上面列举的给招聘带来的影响中，原本的招聘需求会减少，在前面的调查中已经体现。“现有员工或因疫情离职”，既可能是辞职，也有可能是被辞退。现在绝大部分企业日子都非常难过，特别是中小微民营企业和个体工商户，大量倒闭破产。即便还过得去的企业，大部分实际上也都在裁员。失业人数自然会激增，求职人数相应就会增加。有关报道显示，2020 届高校毕业生达到 874 万人，将会再次创下历史新高。失业求职人数和毕业生数量都增加，企业的选择面更广、更大了，这倒是一个利好的消息。招聘计划和流程都被打乱，招聘模式也被打破，常用的在现场的线下面试方式也随之会被改变。

2. 变化

（1）有的企业春招时间会延迟。

（2）招聘周期拉长。

（3）疫情过后将迎来招聘高峰。

（4）“无接触”的招聘面试成为主流。

（5）普遍将启用远程笔试和面试。

（6）招聘会因远程面试变得更激烈。

根据前面调查，有的企业春招时间会延迟，加上学校迟迟不能开学，都会导致招聘周期拉长。就像过去的“非典”一样，疫情过后会出现报复性消费，只要企业还在，也一定会迎来招聘的高峰。避免人际密切接触是防控疫情的主要措施，在疫情期间，“无接触”招聘面试是唯一选择，即便疫情结束，由于互联网的迅猛发展，“无接触”的招聘面试必将成为主流。要想“无接触”，就要启用远程的笔试和面试。居家的远程面试可以节约时间，选择更多，求职者都可以非常高效、便捷进行面试。招聘也会因远程面试而变得更激烈。

三、 疫情下招聘的应对策略

面对上述这些影响和变化，企业应该如何应对呢？

图 1 是来自国内首家登陆 A 股的人力资源服务企业——北京科锐国际人力资源股份有限公司的调查，其中有 78% 的企业想要更多使用线上面试及招聘管理工具，44% 的企业要提前盘点招聘模式和渠道资源，19% 的企业想借疫情期间宣传雇主品牌，16% 的企业考虑要转为灵活用工外包的模式来降低雇用风险。

面对疫情导致的经济变化，企业无论采取什么对策，面对非常时期，首先要想的是能不能不招聘。

要根据相关路线来进行思考（见图 2）。企业一旦岗位工作空缺怎么办？正常情况下，企业的第一反应自然就是招人，这个思路本来就不

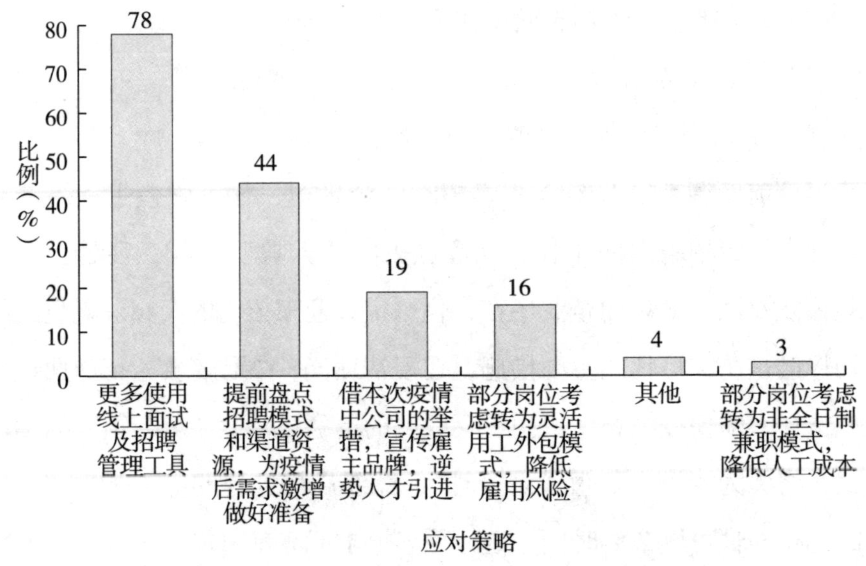

图1　关于疫情下招聘的调查结果

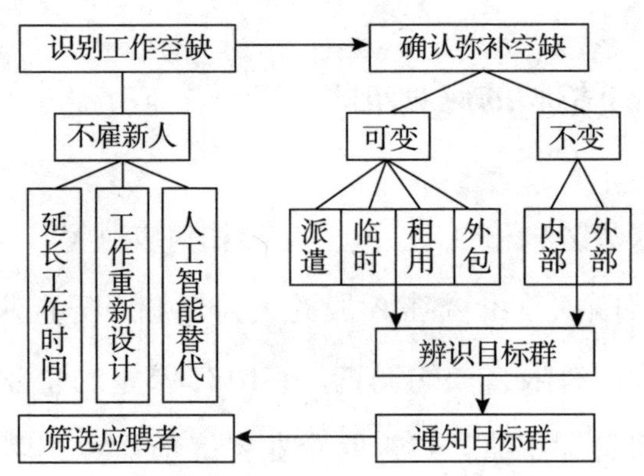

图2　岗位空缺后的思考路线

见得正确，更何况现在还是非常时期。非常时期，要想的不应是招新人，那岗位空缺怎么办呢？当然要灵活用工，建议采用三种方式。

第一，延长工作时间，加班加点。要延长工时，就要考虑到两点：既要按照劳动法给予加班加点的相应报酬；还要征得员工的同意，不能强行迫使员工加班。

第二，工作重新设计。怎么重新设计？比如：有些岗位能否考虑合并？原先用的是两三个人，现在可力争回归到“一个和尚去挑水”。有些生产环节能否压缩？让过去几个人做的一道工序争取减少到一个人做，甚至于一个人做多道工序。

第三，人工智能替代。高科技时代，人工智能飞速发展，已经有越来越多的工作可以由人工智能替代，而且人工智能可替代的工作会比人工更加高效。

假如上述不雇新人的方式不能够解决工作需要，还是要用人用工，考虑到人工负担重，就尽量不要用过去签合同的劳动雇用方式。可以考虑：能否得到劳务派遣？能否用临时工？能否向外寻求人员租用？能否将一些工作进行外包？这些举措都可以大大降低人工成本，并且满足工作需要。

如果以上举措用“可变”概括，“不变”就是要使用自己人。所谓自己人有两种：一种是在已签订劳动合同的；另一种是来自外部的，招聘后成为签订劳动合同的雇用关系。内部和外部同等条件下，一定要选内部，不仅因其已适应企业环境，容易上手，还因其可稳定员工队伍，特别是优秀员工一旦受到重用，往往还会激发积极性。除非自己企业内部实在无人可用，才去外部招聘。

确定了要弥补空缺的目标对象，就要搞清楚来源，然后有效通知到位，也就是用相应有效的宣传渠道和广告方式，使得目标对象能够接收到招聘信息，从而吸引对方应聘，再去筛选。

总之，遇到岗位空缺，要尽量不招聘，这是企业目前首要的应对之策。下面归纳了几个具体策略。

（1）对现有人才和招聘人才从多方面做好盘点。

（2）对现有的骨干人才要做好维护。

（3）对潜在人才做战略储备。

（4）抢占关键人才的蓝海市场。

（5）实施灵活的用工举措。

（6）强化雇主品牌吸引求职者。

（7）做好“无接触”线上招聘面试。

（8）简化招聘流程以减少焦虑。

（9）用招聘福利和人文关怀打动应聘者。

先要“对现有的人才和招聘的人才从多方面做好盘点”。所谓多方面是指数量、结构、类型、特点等。通过盘点，厘清企业和整个行业现在的状况，明确是不是非要增员，是不是可以替换，到底要找什么样的人。

“对现有的骨干人才要做好维护”。怎么维护？怎么设法留住他们？面对不可或缺、很难补上的人才，即便企业亏钱，甚至是四处借贷，只要还想办下去，就不能亏待他们。

“对潜在人才做战略储备”。有些储备干部，过去还在考察，现在可以考虑正式启用；副职或者代理做得还不错，就可以考虑正式任命；在试用期的，就可以考虑转正签约；有些还在培养的，要考虑直接“上阵打仗”、就职赴任。

要“抢占关键人才的蓝海市场”。市场相对空白叫蓝海，红海则指的是竞争激烈的市场。人才市场也一样存在蓝海、红海。有更多的企业一起来竞争的劳动力市场，可能人力资源会供不应求。而有一部分主动求职者实际上并不够优秀。但相反，那些不去主动求职的，正在工作的，相对可能会更加稳定，这些人就属于蓝海。很多企业想不到去找这些人，其实可以主动出击，可通过猎头，甚至是自己三顾茅庐去请。

关于“实施灵活的用工举措”，前面已经讲过几点。疫情期间产生的一个新名词“共享员工”就充分体现了灵活性，这种灵活的“共享员工”就是让员工在企业之间临时流动，实现人力资源的再分配。阿里巴巴集团旗下的盒马鲜生公开宣布接纳其他企业员工到各地门店工作，并喊话餐饮企业发出招工令，就是典型案例。

此外，要借机“强化雇主品牌吸引求职者”。强化雇主品牌，大的方面就是说雇主作为企业，要尽量形成更高的知名度和美誉度，才会更容易吸引求职者。在疫情期间怎么强化？把握时机去多做一些公益。疫情期间的“老乡鸡”董事长束从轩录制短视频手撕员工减薪联名信，是树立雇主品牌的成功典范。小的方面还包括个人品牌打造，面对应聘者时，招聘者的职业素养、穿着打扮、言谈举止，都在反映着企业形象，影响着雇主品牌。

招聘模式调整升级的重头戏就是“做好‘无接触’线上招聘面试”，由于持续不断的疫情影响，人们日益焦虑，所以，不仅招聘流程要简化，而且在招聘面试过程中，要用福利和人文关怀打动应聘者。为什么呢？因为它能够体现人性化管理。比如：不要强迫对方非到企业里进行现场面试；关心应聘者的健康，等等。

四、 线上招聘的渠道和技巧

1. 开展线上招聘的渠道

要搜索相关网站，发现可用的人才时可以自己去做猎头，亲自去请；在匹配的人才网站或者特定的专业网站，主动发布招聘信息，收集求职者的信息资料，查询合适的人才信息；要通过网络猎头公司来猎取人才；要在自己的官方网站发布招聘信息；要在论坛、QQ 群、微信群等网络公众平台上发现和挖掘人才；在线上的招聘平台，开展空中宣讲会和线上双选会，利用视频或音频进行远程面试；要选择用户较多和流量较大的平台，如微信、微博、QQ、抖音、知乎、简书、脉脉等；用人工智能面试专家“面试吧”将企业题库纳入测评模型当中，并用里面的一种反作弊与测谎系统来加以鉴别。

2. 线上招聘技巧

（1）方法。

第一，主动搜索和邀约人才。

第二，对公司和职位进行详细介绍。

第三，杜绝招聘信息中的错别字。

第四，不要长期招聘同一职位。

第五，为求职者提供更多方便。

“主动搜索和邀约人才”是做好线上招聘的前提；发布招聘信息时，要“对公司和职位进行详细介绍”，如果介绍笼统，除非企业已尽人皆知，否则很少有人会动心应聘；公开发布招聘信息时，要“杜绝招聘信息中的错别字”，从招聘的角度来看，筛选求职者的简历时发现错别字，就说明对方不细心、不认真，反过来求职者也会这么想；“不要长期招聘同一职位”，以免引起求职者误解；要“为求职者提供更多方便”，比如网站网址、办公地址、用人条件、岗位要求、应聘流程、注意事项等相关信息的公示要更详细、更清楚，而且都应提前告知。如此，咨询细节的人少了，合格的简历多了，录用的成功率也就变高了，会给招聘工作带来较大帮助。

（2）程序。

第一，建立人才甄选的标准。

第二，有针对性选择线上招聘渠道。

第三，在初选简历阶段要认真甄别。

第四，在优选测评阶段要使用线上人才测评技术。

第五，在终选确认阶段宜采用远程面试方法。

知道了方法，要具体实施，那首先要“建立人才甄选的标准”，构建胜任力模型，要依据标准和模型来选人，不能拍脑袋、靠感觉、凭主观，这样才有可能人岗匹配、人事相宜。确定了招聘对象的各项素质和要求，就要“有针对性选择线上招聘渠道”，比如：面对学历高的求职者，可以选择文化人聚集的各类媒体，而对于学历低的求职者，就要依靠当地政府，依靠企业员工的关系去组织发动招聘。在初选简历阶段，要认真甄别，要通过简历看到对方很多方面的情况，比如：简历中有没有虚假的成分、矛盾的成分。在优选测评阶段，可以用一些线上的人才测评技术深入了解，比如：通过心理测评、人格测试，了解动机、价值观等内在的、深层的信息。在终选确认阶段，宜用远程面试。远程面试分为音频面试和视频面试，要求和线下“有接触”的面试没有本质上的不同。

面试难不难？常言道：“难者不会，会者不难”。只要掌握了面试的测评技巧，也就不难。

五、远程面试前要考虑好的问题

线上的远程面试跟线下的现场面试虽然大同小异，但还是有着自身特点，下面就如何有效开展远程面试，围绕视频面试这一主要方式全面进行阐述。

远程面试前，务必要考虑好以下诸多问题。

面试要放在哪个环节？简历筛选之后，对符合条件的求职者要安排面试。

面试官是哪些人？除了负责招聘的相关HR，还有招聘岗位的部门领导、直线经理，甚至包括该岗位的表现优异者，一起来组成面试小组。多对一面试，可以全方位评判应聘者，通过集体决策来提高用人的准确性。

如何保证多人参与面试时的过程协同？多人参与的面试小组要提前安排好发言顺序，提前告知小组成员必要的注意事项。

面试流程是什么？不能只考虑面试过程中具体做些什么，应当扩大到为了做好面试需要涉及的具体工作步骤。

面试地点在哪里？面试在线上，但面试官的所在地点则是在线下。如果已经复工了，可以选择在某间办公室里，若还没有复工，那就在家里的书房或客厅进行面试。

面试工具用什么？QQ、微信、钉钉、Zoom、海纳视频面试、daydao视频面试等。

哪些应聘者和岗位适合远程面试？除了必须要现场操作的岗位，只要是无法到场的应聘者都是适合的。

应聘者自身的设备条件满足不了怎么办？如果身边没有电脑，那就改用手机面试、电话面试，等有条件时再进一步进行面试。

担心应聘者回答电子考卷作弊怎么办？给对方设置最短的答题时长，到了时间没答完就自动停止，或者要求对方在上传试卷答案时，附上没有作弊的保证书。

要特别关注应聘者哪些方面？要用眼观察仪容、表情、肢体语言、所处背景，要用耳倾听语音、语调、语速，还可以关注对方的头像、昵称、个性签名、分享的朋友圈信息等。

如何判断应聘者的匹配度？通过提的问题和关注的细节来分析，可以通过回放去研究一些重要的回答，还可通过笔试和心理测评等辅助考察。

六、远程面试的准备工作

（1）事先准备好面试文稿。

（2）核对与招聘相关的信息。

（3）熟悉面试平台和工具。

（4）将设备调试到位。

（5）选择和布置环境。

（6）注重穿戴和坐姿。

（7）提前提醒和通知。

（8）提前模拟预演。

（9）准备应急预案。

问题考虑好了，远程面试前，应该先做哪些准备工作呢？

要“事先准备好面试文稿”，包括要问什么问题、面试的流程；要“核对与招聘相关的信息”，不要出错；要“熟悉面试平台和工具”，熟练掌握；要“将设备调试到位”，比如确认网络已连接、摄像头的位置、视频软件正常使用等；要“选择和布置环境”，座位朝向不要逆光，房间要干净整洁、避免堆放杂物；要“注重穿戴和坐姿”，千万不要穿睡衣或家居服面试；要“提前提醒和通知”，除了自己，也包括给对方提醒通知，可以通过邮件、短信、微信、电话等方式提醒通知；如果是多对一面试，最好能够“提前模拟预演”一下，走一遍流程，和参与的同事一起来演练；要“准备应急预案”，出了状况，比如电脑突然死机了，那就要有备用的电脑，要事先留好应聘者的电话，电脑不行可以通过电话继续面试。

七、 远程面试的注意事项

要做好远程面试，还有诸多注意事项。

要“注意提前培训”，因为有些面试技巧HR已经掌握，但其他参与的同事就要提前接受培训。

要“注意面试步骤”，井然有序进行面试。

要“注意礼仪规范”，比如跟应聘者打个招呼、礼貌问候。

要“注意一视同仁”，对不同的应聘者要用同样的标准，不能厚此薄彼。

要“注意双向沟通”，不能因为对应聘者的回答不满意，就去纠正、讲解，说得比应聘者多，到头来，应聘者了解了面试官，面试官却没有了解应聘者。

要“注意紧扣核心”，这个核心就是面试的问题。

要“注意提问目的”，目的就是深入、全面、准确、客观了解对方，预判对方是否能够胜任岗位的要求，是否具备相应的素质。

要“注意熟悉简历”，在简历中找到要问对方的重要问题，若不熟悉，拿着简历临时去找问题，容易给对方留下不好的印象。

要“注意灵活提问”，除了该追问就追问，问题本身也可分为智能性、经验性、知识性、开放式、封闭式、探索式等。

要“注意因人而异”，除了共性的问题，还要针对不同的岗位设计不同的问题。

要“注意分工合作”，如果用更科学的多人小组面试，提问的面试官要事先安排好，以免混乱。

要“注意时间把握”，限定对方在几分钟之内回答，就不至于对方讲多了被打断，从而影响到情绪。

要“注意认真聆听”，一定要让对方把话说完，轻易打断不仅不礼貌，而且会对所说内容产生误判。

要“注意观察对方”，观察言谈举止，通过察言观色增进了解。

要“注意集中精力”，在面试过程中，要专注，不要同时做别的事情。

要“注意语言表达”，要用普通话、勿讲方言，要精神饱满、热情洋溢，要语速快慢适中、吐字清晰。

要“注意肢体语言”，要放松双肩、挺直身体，要表情柔和、保持微笑，要举止得体、避免小动作。

要“注意安抚情绪”，刚开始，应聘者一定会有不同程度紧张，适度热情寒暄，就能够很快平复对方紧张情绪，否则，应聘者可能无法正常表现。

要“注意循序渐进”，由浅入深、由易到难提问，先问一些简单的好答的问题，再问复杂的难答的问题。

要“注意最后陈述”，结束前要给提问和补充的机会，通过应聘者主动提问和诉说，更能准确判断对方的需求和意图。

要“注意做好记录”，记录做好了，就容易进行反馈，还有利于分析研究，如果征得对方同意后录屏，将形成更全面、准确的记录。

要“注意心理误区”，对应聘者的评价，有可能出现晕轮效应、对比效应、相似效应、顺序效应、录用压力、刻板印象等，必须尽量避免才能公平公正。

八、 面试的内容与问题设计

俗话说：“画虎画皮难画骨，知人知面不知心。”招聘最怕的就是被应聘者的表面所蒙蔽，实践证明，心理测评是一种较为科学的方式，但是这需要掌握技巧并且耗时较长，其本身也有局限性，特别是远程招聘时不易使用。职业心理测评通常能深入了解个人的职业个性，也就是职业品质；职业潜能，也就是职业能力；职业倾向，也就是职业兴趣。职业心理测评主要就是测试这三部分，这三部分也比外在的知识和技能重要多了，具有决定性的作用。此外，几乎所有工作都需要人际交往，决定人际相处的情商决不能忽略。因此概括起来，除了针对岗位需要特定的专业知识和职业技能外，岗位的面试的内容就是品质、潜能、倾向、情商这四个方面。基于这四个方面，每个方面细分九个关键胜任素质或常见要点，并对每一素质或要点模拟问题作为范例供读者参考。

（1）品质测试：主动性、独立性、稳定性、自信心、责任心、自知力、工作态度、服从意识、时间观念。

（2）潜能测试：自制力、学习力、创造力、行动力、领导力、决策力、沟通力、培养下属能力、分析判断能力。

（3）倾向测试：价值观、大局观、事业心、归属感、期望值、进取心、兴趣爱好、求职动机、薪酬待遇。

（4）情商测试：应变力、适应力、影响力、合作意识、工作模式、工作经验、专业背景、人际交往能力、组织协调能力。

品质测试：主动性——请说一个您曾经承担分外工作的经历，您为什么要承担那么多的分外工作？

品质测试：独立性——如果遇到您自己做不了的事，您该怎么办？

品质测试：稳定性——在面对突如其来的压力或指责时，您会如何应对？请举例说明。

品质测试：自信心——您认为这次面试能通过吗？理由是什么？

品质测试：责任心——您的下属未按期完成您布置给他的任务，如果您的上司责怪下来，您认为这是谁的责任，为什么？

品质测试：自知力——您认为在自己选择的工作领域里，要想取得事业的成功，自己的哪些个性和素质是必需的？

品质测试：工作态度——您如何看待超时工作和休息日、节假日加班？

品质测试：服从意识——被管理的过程中，哪些行为最令人讨厌？

品质测试：时间观念——被打扰在工作中司空见惯。过去您用什么办法来应对工作中被打扰的问题？

潜能测试：自制力——领导在会议上当众错误地批评了您，您如何处理？

潜能测试：学习力——您是怎样有意识提高自己的工作技能、专业知识和综合素质的？您用什么方法来达到这一目的？

潜能测试：创造力——请您说说鼓励员工提高创造力的最有用的方

法和技巧。

潜能测试：行动力——您的主管在邮件里分配了您的任务之后，一周都不在公司。您无法联络到他，而且也不能完全理解该项工作。您将怎么做？

潜能测试：领导力——当您和其他人在一个团体里共事的时候，您通常愿意担任领导，还是希望由他人担任领导？为什么？

潜能测试：决策力——当您决定要尝试做全新的事情时，您对成功的把握有多大？

潜能测试：沟通力——影响别人使他们接受您的观点，最好的办法是什么？

潜能测试：培养下属能力——您采取什么方法来鼓励您的下属，培养他们的能力？

潜能测试：分析判断能力——您认为成功的关键是什么？

倾向测试：价值观——您认为做人的基本原则是什么？

倾向测试：大局观——当您做决定时，您会从哪些方面考虑这个决定会对公司其他部门的影响？

倾向测试：事业心——您对自己的工作有什么要求？

倾向测试：归属感——请描述一下以往所就职公司中您认为最适合您的企业文化的特点。

倾向测试：期望值——您对我公司提供的工作有什么希望和要求？

倾向测试：进取心——您个人有什么抱负和理想？您准备怎样实现它？

倾向测试：兴趣爱好——您业余时间怎么度过？您喜欢什么电视节目？喜欢读哪些书籍？

倾向测试：求职动机——您为什么决定换工作？您认为原单位有什么不足？您认为什么样的工作比较适合您？

倾向测试：薪酬待遇——您所期望的薪酬待遇是怎样的？

情商测试：应变力——假如您的主管平时不苟言笑，一天，您正和一位同事议论自己的主管时，发现主管面色铁青地就站在你们旁边，您怎么办？

情商测试：适应力——从一个熟悉的环境转入陌生的环境，您会怎样努力去适应？大概需要多久？

情商测试：影响力——假如您向下属提出了一个很不受欢迎的想法，您准备采用哪些办法来减少下属对这一想法的反感。

情商测试：合作意识——请介绍一个您共事过的“最难相处”的同事。为什么跟他难以相处？您是怎么和他共同工作的？

情商测试：工作模式——在工作中您喜欢用什么方式沟通？您认为什么是最有效的沟通方式？

情商测试：工作经验——您现在或最近所做的工作，其职责是什么？它涉及哪些具体事务？您担任什么职务？

情商测试：专业背景——您有什么级别的专业资格证书和能力证明？您认为它们能证明您能应付工作中的什么具体问题？

情商测试：人际交往能力——您喜欢和什么样的人交朋友？您和同事的关系如何？请详细描述。

情商测试：组织协调能力——您与主管意见相左，而您认为自己是对的，您会用什么方式让主管接受您的意见？

九、 结语

本文虽然从中小企业入手，但招聘面试无论任何组织都大同小异，故文中所涉及的知识和技能、理念和方法，对其他各类组织同样适用。另外，文章虽主要适用于这个非常时期不得已而为之的线上方式，但大多也通用于正常时期普遍存在的各种招聘面试，特别是由于互联网的日益发展，疫情结束后，以网络为主要载体的线上招聘与远程面试必将由过去的补充成为主流。因此，本文不仅具有现实的指导意义，同样具有长远的参考价值。

刘建

知名实战型职业培训师、资深的人力资源管理专家、多家社团组织的特聘专家、多家中小企业的管理顾问、国内首批高级企业培训师、高级人力资源管理师，曾任广州市创业项目评审专家组长，现任广东营销学会副会长等职。